철학자가 들려주는 철학 이야기 011~020권

아비투어 철학 논술 2

●

초급편

철학자가 들려주는 철학 이야기
아비투어 철학 논술 2

ⓒ 육혜원, 김광식, 박민수, 최지윤, 유성선, 박민수, 양일동, 2011

초판 1쇄 발행일 | 2011년 3월 18일
초판 2쇄 발행일 | 2012년 2월 20일

지은이 | 육혜원, 김광식, 박민수, 최지윤, 유성선, 박민수, 양일동
펴낸이 | 강병철
펴낸곳 | (주)자음과모음

주   간 | 정은영
제   작 | 고성은
마 케 팅 | 전소연, 이선희
영   업 | 조광진, 장성준, 김상윤, 이도은, 박제연

출판등록 | 2001년 5월 8일 제20−222호
주   소 | 121−840 서울시 마포구 서교동 396−33
전   화 | 편집부 (02)324−2347, 총무부 (02)325−6047
팩   스 | 편집부 (02)324−2348, 총무부 (02)2648−1311
e−mail | soseries@jamobook.com
Home page | www.jamo21.net

ISBN 978−89−544−2669−5 (04100)
ISBN 978−89−544−2667−1 (set)

• 잘못된 책은 교환해 드립니다.

아비투어 철학 논술

초급편

2

㈜자음과모음

차례

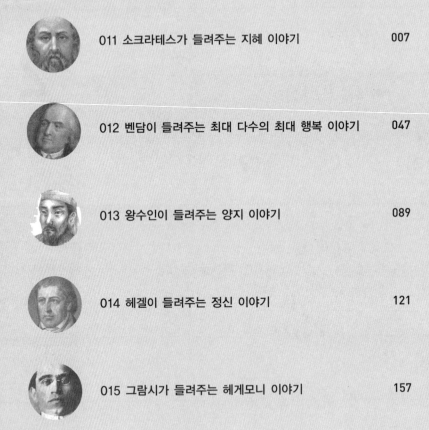

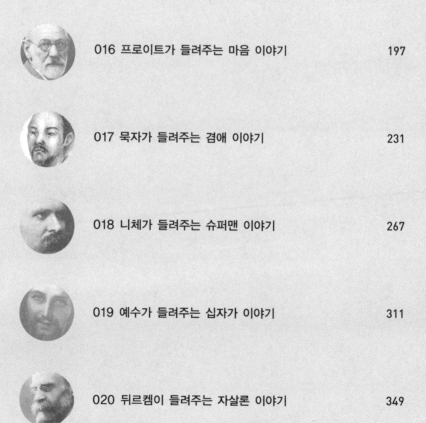

Abitur

철학자가 들려주는 철학이야기 011

소크라테스가 들려주는 지혜 이야기

저자_육혜원

이화여자대학교를 졸업하고, 독일 베를린 자유대학에서 석사 및 박사 학위를 받았다. 플라톤의 정치 철학을 주제로 한 박사 논문을 썼고 현재 고대 정치 사상에 관해 대학에서 강의 및 연구 활동을 하고 있다.

소크라테스

Socrates

다음 글을 읽고 소크라테스에 대해서 요약하시오.

소크라테스(Socrates)는 기원전 469년 아테네에서 태어났다. 그의 아버지 소프로니스코스는 석공이었고, 그의 어머니 파이나레테는 산파였다. 소크라테스는 들창코에 키가 작은 아주 못생긴 사람이었다고 한다. 그는 날씨가 덥든 춥든 상관없이 '키톤'이라는 옷을 1년 내내 입고 맨발로 다녔으며, 갑자기 혼자 도취되어 그대로 서서 오랫동안 명상에 잠기기도 했다. 그래서 보통 사람들 눈에는 엉뚱한 행동을 하는 자로 보였다.

소크라테스는 크산티페와 50세에 결혼했다. 그의 아내 크산티페는 악처로 소문나 있었지만 소크라테스가 사형선고를 받았을 때 너무나 슬퍼했다고 한다.

소크라테스는 나라를 사랑하고 용감해서 세 번의 전투에 참가했다.

첫 번째는 소크라테스가 34세 때 (BC 432) 포테이다이아가 아테네로부터 독립하려는 것을 막기 위해서 전쟁에 나갔는데, 이 전투에서 그를 열렬히 흠모하는 제자 알키비아데스를 알게 된다.

두 번째는 소크라테스가 45세 때 (BC 424)로 펠로폰네소스 전쟁이 한창일 때 델리온 지방에서 전투에 참가했다.

세 번째는 소크라테스가 47세 때(BC 422)로 암피폴리스가 펠로폰네소스 전쟁의 혼란을 틈타 아테네로부터 독립하려는 것을 막기 위해서 참전했다.

소크라테스는 아고라에서 젊은이들을 만나고 당대의 현명한 사람들을 찾아가 이야기 나누기를 즐겼다. 그의 제자 플라톤도 우연히 아고라에서 사람들과 이야기하는 소크라테스를 만난 뒤 철학을 공부하게 된다. 제자 플라톤은 소크라테스가 어떤 생각을 했으며, 어떻게 살았고 또 어떻게 죽었는지 자세히 기록했다. 플라톤이 없었다면 우리는 다른 고대 그리스의 철학자들처럼 소크라테스에 대해 잘 몰랐을 것이다.

어느 날 소크라테스 친구인 카이레폰은 델포이의 신전에서 "이 세상에 소크라테스보다 더 지혜로운 사람은 없다"라는 말을 듣는다. 소크라테스는 카이레폰으로부터 이 사실을 전해 듣고 그 이후로 왜 그런 말을 신이 자신에게 하였는지 알려고 노력했다. 그래서 소크라테스는 아테네의 현명한 사람들을 찾아가 대화를 나누었다. 그들은 모두 자신들이 지혜가 있다고 자처

하고 있었다. 그리고 소크라테스는 오로지 자신만이 지혜가 있다고 착각하지 않았다는 사실을 알게 되었다. 그것 때문에 신이 소크라테스에게 지혜로운 사람이라고 이야기하였음을 소크라테스는 알게 되었다.

그러나 이런 소크라테스의 깨달음을 시기한 정치가와 예술가는 아테네의 젊은이들을 타락시키고, 나라에서 인정하는 신을 믿지 않고 새로운 신을 믿었다는 이유로 그를 고소했다.

소크라테스가 감옥에 갇혔을 때 그의 친구들과 제자들은 그가 억울한 누명을 쓰고 감옥에 갇혔기 때문에 그를 다른 나라로 도망시키려고 했다.

소크라테스의 친구 크리톤은 감옥으로 소크라테스를 찾아가, 그대로 있으면 사형을 당할 것이므로 도망갈 것을 권했다. 소크라테스는 자신이 죽어도 슬퍼하지 말아야 한다고 친구들에게 말했다. 소크라테스는 죽음 이후에 영혼과 몸이 분리되어 영혼은 영원한 신의 세계로 옮겨간다고 믿었기 때문에 죽음을 두려워하지 않았다.

또한 소크라테스는 자신에게 사형을 선고한 이 법이 정당하지는 않지만, 그렇다고 그 법을 어길 수 없다고 했다. 그는 나라에서 지키는 법을 피해 도망간다는 것은 정의롭지 못하다고 주장했다.

소크라테스는 크리톤의 권유를 거절하고 70세 되던 399년 민주정치하에 사형선고를 받아 죽게 된다.

소크라테스는 지혜 있는 사람이 아니라 지혜를 사랑하는 사람이었다.

1 영혼불멸설

죽은 뒤에도 인간의 영혼은 영원히 존재한다는 사상이다. 소크라테스는 죽은 후에 영혼과 육체가 분리되어 육체는 썩지만, 자신의 영혼은 영원히 존재한다고 믿었다. 그는 죽은 후에 철학자인 자신의 영혼은 자유로워져서 지혜를 향유하게 된다고 생각했다.

2 키톤

아래위가 잇달린 고대 그리스의 옷으로 재단하지 않은 것이 특징이다.

3 델포이 신전

델포이 신전은 그리스 중부 포키스 지방에 있는 파르나소스 산의 기슭에 있다. 델포이 신전의 무녀 퓌티아가 신탁을 들려준다고 전해진다. 신은 무녀를 통해서 자신의 뜻을 나타내거나 인간의 물음에 답했다고 한다.

4 알키비아데스

알키비아데스(BC 411~406)는 소크라테스의 제자로, 페리클레스의 뒤를 이어 기원전 410년에 그리스의 지도자로 뽑혔다.

01강 아고라

case 1 다음 두 글을 읽고 고대 그리스 도시국가에서의 아고라의 의미와 역할에 대해서 적어 보시오.

아고라는 시장이라는 뜻이죠.

옛날 고대 그리스는 모두가 도시국가였습니다. 도시국가란 한 도시가 국가처럼 독립되어 있다는 뜻입니다. 고대 그리스는 한 도시가 정치, 경제, 문화, 교육 등이 독립되어 있었습니다. 이렇게 한 도시가 곧 국가와 같은 기능을 갖고 있는 것을 도시국가라고 합니다.

아크로폴리스란 폴리스의 윗부분이란 뜻입니다. 폴리스는 도시국가라는 의미이죠. 그렇다면 아크로폴리스란 도시국가의 꼭대기라는 뜻입니다. 고대 그리스 사람들은 도시국가를 주로 언덕이나 시가지가 내려다보이는 곳에 건설하였습니다.

도시국가를 위해서 꼭 필요한 것이 네 가지 있었습니다.

첫 번째는 언덕 위에 신전이 있어야 합니다. 언덕 위나 시가지가 내려다보이는 곳에는 도시를 지켜 주는 신을 섬기는 신전을 건설하였다고 했죠.

그래서 아크로폴리스는 도시국가의 언덕 위에 신전들이 모여 있는 장소를 뜻하게 되었습니다.

아크로폴리스는 신전의 역할도 하지만 전쟁과 같이 긴급한 상황이 생기면 피난처나 요새로 사용되기도 하였습니다. 아테네의 아크로폴리스는 가늘고 긴 언덕 위에 자리하고 있습니다. 그중에서 파르테논 신전은 아크로폴리스에 세워진 건축물 중에서 가장 크고 훌륭한 신전입니다.

파르테논이란 처녀의 신전이란 뜻입니다. 여기서 처녀란 곧 지혜의 여신 아테나를 의미합니다. 마라톤 전쟁으로도 잘 알려진 페르시아 전쟁에서 승리한 아테네 사람들이 아테네의 수호신 아테나를 위해서 만든 신전이 바로 파르테논이기 때문입니다. 신전은 당시 그리스 사람들이 섬기던 신을 위해 제사를 지내는 장소였죠. 그리고 도시국가마다 아크로폴리스에 모시는 신이 모두 달랐습니다. 아테네에서 파르테논이라는 신전을 보았을 것입니다. 파르테논이란 처녀 신을 섬기는 곳이라는 뜻입니다. 아테네에는 파르테논 신전이 있지만, 델피에는 아폴론 신전이 있답니다. 이렇게 도시국가마다 모시는 신이 달랐죠.

도시국가를 위해서 두 번째로 필요한 것은 야외 음악 강당입니다. 그리스 사람들은 신전 아래 언덕 중간쯤에 야외 음악 강당을 지었죠. 이 야외 음악 강당에서는 옛날 위인들이나 신을 찬양하는 노래를 만들어 불렀습니다.

세 번째로 필요한 것은 원형 경기장입니다. 고대 그리스에서 올림픽이 시작되었다는 것을 여러분들은 잘 알고 계실 겁니다. 고대 그리스 사람들은 운동 경기를 좋아했습니다. 그래서 도시국가의 모든 사람들이 모여 즐길 수 있는 경기장은 도시국가의 필수였습니다.

마지막으로 도시국가에 꼭 필요한 것은 아고라입니다. 이 아고라는 언덕 맨 아래 넓은 장소에 위치하고 있습니다. 그곳에서는 많은 사람들이 모여 물건도 사고팔았지만, 자신의 생각을 주장하기도 하였습니다. 특히 소크라테스는 이 아고라, 즉 시장에서 아테나의 젊은이들과 많은 이야기를 하였습니다.

— 《소크라테스가 들려주는 지혜 이야기》 중에서

"그곳에는 말이야. 또 다른 세상이 있었단다. 글쎄 여기 하늘과는 전혀 다른 하늘이 있지 뭐냐."

어린 물고기들과 말미잘들은 다른 세상이 존재한다는 말에 더욱 놀랄 뿐이었습니다. 날치는 하늘 밖의 하늘 말고도 바다 속 세상 여기저기에서 경험한 것을 이야기했습니다. 소문은 금방 퍼져서 아고라는 이내 새로운 이야기로 술렁거렸습니다. 그동안 많은 여행객들이 신비로운 이야기를 가져왔고 아고라는 그때마다 술렁거렸지만 날치의 이야기로 인한 술렁거림은 조금 달랐습니다. 바다 밖에 있다는 또 다른 세상을 날아 보는 것이 어린 물고기들의 새로운 꿈이 되었습니다.

날치의 이야기를 듣고 싶어 하는 것은 소라게들도 마찬가지였습니다.

"아저씨, 이야기를 들려주세요."

"좋아, 이번엔 세상의 중심에 대해서 얘기해 볼까. 너희들 세상의 중심이 무엇이라 생각하니?"

날치의 질문에 소라게들은 저마다 자신이 생각하는 답을 이야기했습니다.

"세상의 중심은요…… 아고라예요."

"세상의 중심은요…… 먼 곳에 있다는 북극이에요."

이 밖에도 다양한 대답이 나왔습니다. 날치는 모두 고개를 저었습니다. 소라게들은 더욱 궁금해졌습니다. 날치에게서 정답을 듣기 위해 소라게들은 귀를 쫑긋 기울였습니다.

"세상의 중심은 말이야, 바로 너희들 자신이란다."

소라게들은 놀랐습니다. 세상의 중심이 무엇인지 생각해 본 일도 없었지만 자신이 그렇게 중요한 존재라고는 상상조차 못해 봤기 때문입니다. 눈만 동그랗게 뜨고 있는 소라게들에게 날치는 자신 있게 이야기했습니다.

"자 생각해 보렴. 너희가 태어나지 않았다면 바다 세상을 볼 수 있었을까. 아니 볼 수 없었겠지. 너희가 태어났기 때문에 세상도 의미가 있게 된 거야. 이제 자기가 하고 싶은 대로 자유롭게 살아 보렴. 저쪽 바다에는 너희들처럼 소라 껍데기를 뒤집어쓰지 않고 당당하게 살고 있는 게가 있단다. 힘이 좋고 집게발도 튼튼해서 다른 동물들이 다들 무서워하지."

소라게들에게 무언지 모를 자신감이 생겨났습니다. 집게발에 은근히 힘이 생긴 듯한 느낌도 들고 왠지 소라 껍데기가 답답하다는 생각이 들었습니다.

이제 날치는 아고라에서 없어서는 안 되는 존재가 되었습니다. 그를 부를 때도 어느새 선생님이라 하게 되었습니다. 어린 물고기들과 소라게들 중 이미 날치, 아니 이젠 그의 이름을 불러야 하는 걸 깜빡했군요. 프로타고라스 선생에게 이것저것 많은 것을 배우는 친구들이 생겨났답니다. 그들은 멋지게 말하는 것도 배우고 헤아릴 수 없이 많은 지식을 배웠습니다.

- 《소크라테스가 들려주는 지혜 이야기》 중에서

생각 쓰기

02강 관용의 의미

case 1 다음 글을 읽고 타인의 의견을 존중하는 관용에 대해서 적어 보시오.

❶ 소크라테스는 먼저 질문을 하고, 상대방이 하는 이야기를 잘 들었습니다. 이야기가 진행되는 동안 혹시 상대방이 잘못된 말을 하거나 하면, 소크라테스는 상대방에게 그것을 지적하고 가르치는 것이 아니라 스스로 깨닫도록 도와주는 질문을 다시 건넸습니다. 이렇게 끝없이 이어지는 대화 도중 상대방은 스스로 무엇이 옳고, 무엇이 그른지 알게 되었던 것입니다.

– 서정욱, 《만화 서양 철학사 II》 중에서

❷ 고대 그리스의 아티카라는 곳에 프로크루스테스라는 이상한 도둑이 살고 있었습니다. 이 도둑은 나그네를 붙잡으면 자신의 소굴로 끌고 가서 침대에 눕힙니다. 나그네의 키가 침대 길이보다 작으면 잡아당겨 늘이고, 침대 길이보다 크면 밖으로 나온 머리와 다리를 자르는 방법으로 죽였습니다.

그러다가 침대와 길이가 똑같은 테세우스가 나타나서 프로크루스테스를 똑같은 방법으로 죽였습니다. 이후로 사람들은, 어떤 절대적 기준을 정해 놓고 모든 것을 거기에 맞추려 하는 것을 '프로크루스테스의 침대' 라고 부르고 있습니다.

– 중학교 교과서 《도덕 1》, 교육인적자원부, 104쪽 참고

생각 쓰기

주 요 개 념 및 배 경 지 식

1 관용

사랑을 실천하는 하나의 방법으로 다른 사람을 너그럽게 받아들이거나 용서하는 것이다.

2 아티카

그리스 전설에 나오는 섬이다. 지브롤터 해협 서쪽에 있었던 찬란한 문화를 지닌 꿈의 도시로 지진 때문에 멸망하였다고 한다.

3 프로크루스테스

프로크루스테스는 그리스 신화 중 테세우스 이야기 중간에 나오는 인물이다. 테세우스의 이야기는 다음과 같다. 테세우스는 아테나이 왕의 아들로 태어났다. 그러나 아버지와 함께 자라지 못하고 외가인 트로이젠에서 어린 시절을 보냈다. 그의 아버지는 그가 태어나기 전에 자기의 칼과 구두를 큰 돌 밑에 넣어 두었다. 아버지는 아들이 자라서 이 돌을 움직여 물건들을 꺼낼 정도가 되면 나에게 보내라는 말을 남기고 아테나이로 혼자 떠났다. 테세우스가 자라자 어머니는 돌이 있는 곳으로 데리고 갔다. 돌을 들어 칼과 구두를 꺼낸 테세우스는 아테나이로 떠나기로 했다. 사람들은 곳곳에서 수많은 괴물과 도둑들이 들끓고 있었기 때문에 바닷길로 가기를 권했다. 하지만 젊은 테세우스는 영웅심에 불타고 있었다. 그는 여러 지역을 다니면서 도둑과 괴물들을 물리쳤다. 그 중 하나가 바로 프로크루스테스이다.

03강 악법도 법이다

case 1 다음은 준법정신에 대한 글입니다. 잘 읽고 물음에 답하시오.

❶ 소크라테스에게 비판을 받은 무리들은 자신들의 비행이 탄로나는 것이 두려웠습니다. 그래서 그들은 소크라테스에게 죄를 덮어 씌워서 법정에 고발하여 죽이려고 하였습니다. 그들이 소크라테스를 고발한 죄목은 '아테네의 젊은이들을 타락시키고, 나라에서 인정하는 신을 믿지 않고 새로운 신을 믿었다' 는 것이었습니다. 소크라테스는 고소장의 내용대로 고발당하였고, 재판을 받은 끝에 사형선고를 받았습니다. 소크라테스는 감옥에 갇혀서 사형을 기다리게 되었습니다.

소크라테스의 친구들은, 소크라테스가 억울하게 누명을 쓰고 감옥에 갇혔고 그대로 두면 사형을 당할 것이므로 탈출시키기로 계획하였습니다.

그래서 소크라테스의 친구 크리톤이 감옥으로 소크라테스를 찾아가, 탈출할 것을 권했습니다.

크리톤의 말을 들은 소크라테스는 이렇게 말했습니다.

"훌륭한 시민은 불의를 행해서는 안 되며, 남을 해쳐서도 안 되네. 그리고 국가와 시민 사이에는 반드시 서로 지켜야 할 약속이 있네. 그런데 이제 와서 내게 불리하다고 해서 탈주를 하면, 그것은 스스로 국가와 한 약속을 깨는 것이네. 따라서 그것은 불의를 행하는 것이며, 결국 국가를 해치는 결과가 되는 것이네. 만일 모든 사람이 자신에게 유리할 때에는 국가에서 살다가, 국가가 시민에게 법에 따라 벌을 주려고 할 때에는 탈출하려 한다면, 우리의 조국은 어떻게 되겠는가? 그리고 누가 우리의 조국을 지키겠는가? 우리를 낳아 주고 길러 준 것은 조국이므로 조국에 대해 항상 존경하고 순종하여야 한다네. 이런 까닭으로 나는 법에 따라 재판을 받았고, 그것이 나의 목숨을 빼앗아 가는 것일지라도 지켜야 하는 것이네. 나에게 사형을 선고한 이 법이 정당하지는 않지만, 그렇다고 그 법을 어길 수는 없다네."

소크라테스의 말에 크리톤은 더 이상 탈출을 권유할 수 없었습니다. 크리톤은 소크라테스가 탈출하지 않는 까닭이 '악법도 법'이라는 법의 존중 정신뿐만 아니라, 법을 지킴으로써 사랑하는 조국 아테네를 더욱 굳건히 지키겠다는 의지에 있음을 알고 커다란 감동을 받았습니다. 크리톤은 아무 말 없이 소크라테스의 손을 꼭 잡은 채 한참을 서 있다가, 눈물을 감추며 감옥을 빠져나왔습니다.

– 초등학교 교과서 《도덕 6》, 교육인적자원부, 69~70쪽 참고

❷ 그리스의 비극에는 민주주의를 향한 그리스 사람들의 희망이 담겨 있

습니다. (……) 소포클레스의 비극 '안티고네' 는 법보다는 도덕이 우선한다는 내용을 담고 있습니다. 안티고네는 국법을 어긴 오라버니의 시신을 매장하지 못하게 하는 크레온 왕의 명령을 어기고 오라버니의 시체를 매장합니다. 오라버니의 시체가 썩어 가고 들짐승들에게 뜯기는 것을 차마 볼 수 없었던 것입니다. 결국 이러한 사실이 발각되어 안티고네는 동굴에 갇혀서 자살하고 만다는 비극입니다. 안티고네의 비극은 사람이 법을 지키는 것이 아니라 법이 사람을 지켜야 한다는 인간 중심의 선언입니다.

이 이야기는, 법이란 인간을 가장 소중하게 생각해야 하며, 따라서 인간 사이의 가장 기본적인 질서인 도덕이 법에 우선한다는 것을 잘 보여 주고 있는 사례입니다.

– 중학교 교과서 《도덕 2》, 교육인적자원부, 98쪽 참고

1) 위 제시문에서 소크라테스는 왜 법을 지켜야 한다고 했을까? 그 이유를 적어 보시오.

　　법은 ＿＿＿＿＿＿＿＿＿＿＿＿＿＿ 때문에 법을 지켜야 한다고 소크라 테스는 말한다.

2) 위 제시문에서 소크라테스는 왜 감옥을 탈출하지 않았을까? 그 이유를 적어 보시오.

----

3) 위 제시문에서 안티고네는 왜 법을 위반하게 됐을까? 그 이유를 적어 보시오.

----

4) 안티고네의 비극은 법과 사람과의 관계에서 어떤 것을 우선시하는 것인가? 안티고네에서 의미하는 법의 의미를 적어 보시오.

주 요 개 념 및 배 경 지 식

1 악법도 법이다

소크라테스가 '악법도 법이다' 라고 말한 적은 없다. 초등학교 6학년
도덕 교과서 70쪽에 "소크라테스가 '악법도 법' 이라고 하면서 탈출을
거절한 마음을 느껴 봅시다" 라고 되어 있다. 하지만 소크라테스가 독배
를 마시는 장면이 나오는 플라톤의 대화편 《크리톤》에는 '악법도 법이
다' 라는 말은 나오지 않는다. 소크라테스는 악법도 법이기 때문에 법에
따라 독약을 마신 것이 아니었다. 소크라테스는 자신에게 사형을 선고
한 법이 정당하지 않다는 것을 알았지만, 그렇다고 그 법을 어길 수는 없
었다. '악법도 법이다' 라는 말로 악법을 정당화하고 무조건 따르도록 강
요하는 것은 옳지 못하다.

2 소포클레스

소포클레스(Sophocles)는 기원전 496년에 아테네에서 태어났다. 그는
아이스킬로스, 유리피데스와 더불어 고대 그리스의 3대 비극 작가로 통
했다. 소포클레스는 정치가로도 성공하여 페리클레스와 더불어 최고 지

휘관직에 뽑히기도 했다.

기원전 468년인 28세 때 비극 경연 대회에 응모하여 스승인 아이스킬로스를 꺾고 일등상을 받은 후로 뛰어난 비극 작품들을 썼다. 후배인 유리피데스가 죽었다는 소식을 들었을 때 배우와 합창대를 상복으로 갈아입게 하고 자신도 상복으로 갈아입어, 참석자들은 눈물을 흘렸다고 한다. 외국의 초청도 거절하고 평생을 아테네1에서 살았는데, 이러한 애국심과 진지한 인품은 온 시민의 존경의 대상이 되었다. 그의 대표작은 《아이아스(Aias)》《안티고네(Antigone)》《오이디푸스 왕(Oidipous Tyrannos)》등이다. 그리스 비극을 기교적으로나 형식적으로 완성한 사람으로 평가받았던 그는 기원전 406년에 세상을 떠났다.

3 비극

주로 내면의 갈등이나 주변 인물 혹은 피할 수 없는 운명과의 갈등으로 생기는 고통과 불행을 다룬다. 비극은 고대 그리스의 종교적인 축제에서 시작되었다. 아이스킬로스와 소포클레스, 유리피데스가 그리스 비극 작가 중 가장 위대했다.

4 안티고네

안티고네는 그리스 신화에 나오는 여성으로, 테베의 왕 오이디푸스의 딸이다. 오이디푸스 왕이 죽자 두 오라버니인 테오클레스와 폴리네이케스는 왕위를 둘러싸고 서로 싸우다가 모두 죽게 된다. 이때 새 지배자가 된 숙부 크레온은 테오클레스를 애국자로, 폴리네이케스를 역적으로 단정한다. 그런 후, 폴리네이케스의 매장을 허락하지 않았을 뿐만 아니라 그의 시체를 들판에 내다 버려 새와 짐승의 밥이 되게 한다. 이 사건에서부터 소포클레스의 유명한 《안티고네》라는 비극이 펼쳐진다.

아비투어
철학 논술

예시 답안

① 소크라테스는 아테네 시민으로 태어났다.

② 소크라테스는 전투에 세 번 참전했던 용감한 군인이기도 했다.

③ 소크라테스는 아고라에서 사람들과 이야기 나누는 것을 즐겼다.

④ 우리가 소크라테스에 대해서 자세히 알 수 있는 이유는 소크라테스의 제자인 플라
　톤이 자세한 기록을 남겼기 때문이다.

⑤ 소크라테스는 지혜가 있다고 자처하면서 반성하지 않고 사는 삶은 가치가 없다고
　사람들에게 말했다.

⑥ 소크라테스는 영혼이 불멸하다는 것을 믿었기 때문에 죽음을 두려워하지 않고 사
　형을 당했다.

주 제 탐 구　**01**강　아고라

case 1　고대 그리스 사회의 특징을 가장 잘 이해할 수 있는 장소가 바로 '아고라'
　　　　였다. 고대 그리스 사회는 도시국가로 구성되었으며 신을 섬기고 존중하
는 만큼 사회 구성원의 의견도 중요하게 생각된 곳이었다. 특히, 아고라는 시장을 겸
한 여러 가지 사항에 대한 토론의 장소였다. 때로는 궁금한 사항에 대해서 서로 묻기
도 하고 정치적인 현안이나 세상에 관한 의견을 듣기도 하며 자유롭게 서로의 생각을
교환할 수 있었다.

case 1 관용은 사람끼리의 관계에 있어서 꼭 필요한 것이다. 특히 사람들끼리 대화를 나눌 때는 더욱 관용의 정신이 필요하다. 남이 나와 다른 생각을 하고 있다고 해서 자기주장만 하고 남을 인정하지 않는다면 관용은 생길 수 없다.

관용이란 다른 사람의 이야기를 끝까지 들어주어 의견을 달리하는 사람들을 너그럽게 받아들이는 것이다. 관용은 다른 사람들도 나와 같은 능력을 가지고 있고 나와 다른 생각을 가질 수도 있다는 것을 인정할 때에 생긴다. 프로크루스테스처럼 다른 사람이 자신의 생각과 다르다고 해서 남을 해치기보다는 다른 사람의 의견을 존중하고 지켜 주는 것이 관용이다.

① 법은 국가와 시민 사이의 약속이기 때문에 법을 지켜야 한다고 소크라테스는 말한다.

② 조국에 대해 항상 존경하고 순종하여야 하며, 법에 의한 재판의 결과를 따라야 한다고 생각했기 때문이다.

③ 오빠의 시체를 묻어 주지 않는 것은 도덕에 어긋난다고 생각했기 때문이다.

④ 법보다 사람을 우선시하는 것이다. 안티고네의 비극은 사람이 법을 위해 있는 것이 아니라 법이 사람을 위해 있다는 인간 중심의 선언이다. 그것은 법이란 인간을 가장 소중하게 생각해야 한다는 것을 강조한다.

Abitur

철학자가 들려주는 철학이야기 **012**

벤담이 들려주는 최대 다수의 최대 행복 이야기

저자_**최지윤**

고려대학교 철학과 박사 과정을 수료하였고, 어린이철학연구소 강사 및 교재 집필을 했으며, 현재 대진대학교에 출강하고 있다.

벤담

Jeremy Bentham

아래 글을 통해 벤담이 어떤 삶을 살았는지 알 수 있다. 제시된 글을 읽고 벤담은 어떤 사람인지, 그의 삶에서 특징적인 점은 무엇인지 요약하시오.

철학자이자 법학자이기도 한 벤담(1748~1832)은 영국 런던에서 태어나 아버지의 영향으로 어릴 때부터 법을 공부했다. 몸이 허약했던 벤담은 사냥이나 낚시보다는 식물채집을 더 좋아했고, 심지어는 하인들이 들려주는 유령 이야기도 무서워할 정도로 심약한 아이였다.

하지만 열두 살에 옥스퍼드대학교에 입학할 정도로 천재이기도 했던 그는 열다섯 살에 대학을 졸업하고 스물네 살에 변호사가 되었다. 아버지와 영국의 철학자 허치슨의 영향을 받은 벤담은 변호사가 된 이후 영국의 법을 위해 한평생을 바쳤다.

쾌락이 곧 선이요, 고통은 악이라고 생각한 벤담은 도덕과 윤리의 중요성을 강조하면서 인생의 목적은 '최대 다수의 최대 행복'의 실현에 있다고 주장했다. 우리가 어떤 행동을 할 때는 보다 많은 사람들을 위해 보다 많은 유용성을 만들어 내는 행동을 하도록 해야 한다는 것이다. 이렇게 벤담은 쾌락을 만들어 내고 고통을 막는 능력이야말로 모든 도덕과 법의 기초 원리라고 하는 공리주의를 주장하면서 쾌락과 고통의 양을 비교할 수 있는 계산법을 만들어 내기도 하였다.

쾌락은 선이며, 고통은 악이라고 생각한 벤담은 남에게 고통을 주지 않기 위해서 자신이 죽을 때도 하인들을 방에 들어오지 못하게 했다. 자신이 죽는 모습을 하인들이 보면 슬퍼할 것이라고 생각했기 때문이다. 그래서 벤담은 자신의 비서만이 지켜보는 가운데 1832년 조용히 눈을 감았다.

벤담은 당시 의학의 발달을 위해 의사들이 자신의 사체를 해부할 수 있도록 유언을 남기기도 했다. 공리주의자인 벤담은 죽은 이후에도 그가 옳다고 생각한 이론을 다른 사람이 실천할 수 있도록 노력했던 인물이었다. 그가 남긴 글로는 《정부소론》과 《도덕과 입법의 원리 서설》이 있다.

1 쾌락과 고통

벤담은 인간은 누구나 쾌락을 바라고 고통을 피하고자 한다고 주장한다. '쾌락'은 곧 즐거움을 주는 경험이고 그 반대는 '고통'이다. 우리는 '좋은 삶'을 살기를 원하고 행복해지고 싶어 한다. 따라서 쾌락이 무엇에 대한 즐거움이냐에 따라 종류가 나뉘겠지만 우리는 살아가면서 고통보다는 더 많은 쾌락을 경험하기를 원한다고 할 수 있다. 이런 점에서 쾌락은 '선'이요, 고통은 '악'이라고 말할 수 있다.

2 공리주의

공리주의의 기본 생각은 만약 어떤 행동이 쓸모 있다면 그 행동은 옳다는 것이다. 그렇다면 '어떤 목적에 그 행동이 쓸모 있는가'라는 질문을 할 수 있다. 공리주의자들은 바람직하거나 좋은 목적을 달성하는 행동은 옳다고 말한다. 여기서 '좋은 목적'은 바로 '쾌락'이다. 따라서 공리주의는 '만약 한 행동이 쾌락을 낳는다면 그 행동은 옳고, 고통을 가져다준다면 그르다'라고 요약할 수 있다. 그렇다면 다시 여기서 말하는

'쾌락'은 누구를 위한 '쾌락'인지를 물을 수 있다. 이에 대해 벤담은 공리주의가 보다 많은 사람을 위한 것이고, '최대 다수'를 위한 '쾌락'을 추구한다고 주장한다.

3 최대 다수의 최대 행복

사람들 간의 유용성은 때때로 충돌할 경우가 있다. 따라서 우리가 할 수 있는 최선의 행동은 최대의 유용성을 낳는 행동이어야 한다. 최대 다수의 최대 행복이란 다른 말로 하면 공공의 행복이라고 할 수 있다. 즉 어떤 행동을 할 것인지 하지 말 것인지를 결정하는 것은 개인의 쾌락과 고통만으로 계산하는 것이 아니라 최대 다수, 즉 우리의 쾌락과 고통으로 결정해야 한다는 것이다. 결국 최대 다수의 최대 행복이란 사람들이 같이 사는 동안 서로 고통과 쾌락을 나누면서 공공의 이익과 행복을 위해 양보하는 것이라고 할 수 있다.

1강 '최대 다수의 최대 행복'은 무엇인가요?
2강 '쾌락'은 다 똑같은 '쾌락'일까요?

01강 '최대 다수의 최대 행복'은 무엇인가요?

case 1 '공공의 적'과 '공공의 행복'은 무엇을 말하는 것인가? 아래 글을 읽고 물음에 답해 보시오. 그리고 여러분은 무엇을 '공공의 적', '공공의 행복'이라고 생각하는지 그 이유를 중심으로 논술하시오.

"벤담은 모든 법과 도덕은 '공공의 행복'이 기본이 되어야 한다고 말했어."

"공공의 행복이요?"

"그래, 공공의 적이라는 말 들어 봤지?"

"영화 제목 같은데요?"

"그래, 공공의 적이란 '많은 사람들의 적', 즉 '많은 사람들을 해롭게 하는 것'이라는 뜻이지. 혜리 네가 생각하는 '공공의 적'에는 뭐가 있니?"

"음…… 전쟁이요!"

"그래, 전쟁은 확실히 공공의 적이지. 그럼 공공의 행복은 어떻게 풀이하면 될까?"

"에이, 그거야 공공의 적이 '많은 사람들의 적'이란 뜻이니까, 공공의 행복은 당연히 '많은 사람들의 행복' 이죠!"

　"맞아. 벤담은 법을 만들 때나, 혹은 나라에서 어떤 일을 할 때 많은 사람들을 행복할 수 있게 해야 한다고 주장했던 사람이야."

－《벤담이 들려주는 최대 다수의 최대 행복 이야기》 중에서

생각 쓰기

㉮ 우리 반 아이들은 모두 30명이다. 담임선생님은 이번 수학여행 때 어디로 갈 것인지를 우리에게 결정하라고 하신다. 나는 예전부터 경주 불국사에 꼭 가 보고 싶었다. 게다가 최근 역사책들을 많이 읽으면서 우리 역사에 대한 관심도 많이 생겼고, 그래서 문화재들을 직접 보고 싶다는 욕심이 생겼기 때문이다. 그런데 제주도로 수학여행을 가자는 의견이 대부분인 것 같다. 물론 나처럼 특별히 가고 싶은 곳이 있는 학생들도 있을 테고, 어디로 가든 상관없는 아이들도 있을 것이다. 하지만 의견을 내는 아이들의 대부분은 제주도로 가자고 하는 것 같다. 어떻게 해야 할까?

㉯ 폭풍우가 몰아치는 밤이다. 저 멀리서 검은 형체가 다가오고 있는 것 같다. 자세히 보니 나무판자에 사람들이 매달려 있다. 점점 다가오는 사람들의 형체를 구별해 보니 모두 6명이다. 사람들을 구하려고 몸을 내밀었는데, 그만 한 사람이 나무판자에서 떨어져 나가 허우적대는 것이 아닌가? 나에게 밧줄은 하나밖에 없고, 던질 기회도 한 번밖에 없다. 지금 당장 밧줄을 던져야 하는데, 나는 어떻게 해야 할까?

우리 마을에서 숲이 있는 마을로 가려면 내를 건너야 해요. 그러면 다리가 필요하겠죠? 그런데 다리를 놓는 위치 때문에 싸움이 벌어졌어요. 다리를 교회 앞에 놓을지, 학교 앞에 놓을지 말이에요. 교회에서 다리를 자주 이용하는 사람은 목사님 두 분이고 학교에 다니는 아이들은 50명이에요. 그러면 여러분이 생각하기에는 당연히 학교 앞에 다리를 놓아야 한다고 생각하겠죠?

그런데 우리 마을은 다리를 교회 앞에 놓았습니다. 왜 그랬을까요? 그 이유가 궁금하시죠? 바로 유용성 때문이에요. 유용성은 쉽게 말해 '누가 더 잘 쓸 수 있는지'를 말하는 겁니다. 목사님 두 분은 부모가 없는 어린아이들을 돌보고 계시기 때문에 숲이 있는 마을로 자주 건너가셔야 합니다. 그런데 학교에 다니는 아이들은 대부분 다 우리 마을에 살기 때문에 다리를 사용할 일이 거의 없어요. 목사님이 다리를 건너야 할 일이 100번이라면 아이들이 건너야 할 일은 채 두 번도 되지 않아요. 그렇다면 다리를 놓았을 때 누가 더 많이 사용할까요?

당연히 목사님 두 분이시겠죠. 그래서 우리 마을은 다리를 교회 앞에 놓

앉어요. 저는 이 일을 보고 수학적으로 계산할 수 있다면 얼마나 좋을까 하는 생각을 했답니다. 그럼 앞으로 이런 일이 있을 때마다 쉽게 해결할 수 있을 테니까요. 그래서 이런 공식이 나온 겁니다. 앞에서 예를 든 것을 공식적으로 설명하자면 이렇게 되겠죠.

사람 수(목사님 두 분)×100=200
사람 수(학생 50명)×2=100

그러면 목사님 쪽 쾌락의 양이 더 크죠? 그래서 다리를 교회 앞에 놓는 것으로 결정한다는 것입니다. 여기까지가 제가 연구한 쾌락 계산법입니다. 아저씨가 생각하신 것과 어떻게 다른지, 또 어떻게 같은지 궁금하네요.

— 《벤담이 들려주는 최대 다수의 최대 행복 이야기》 중에서

1 '공공의 적', '공공의 행복'

'공공의 적'은 많은 이들을 해롭게 하는 것이라고 정의할 수 있고 '공공의 행복'은 많은 이들을 행복하게 하는 것이라고 할 수 있다. 벤담은 사람들이 서로 고통과 쾌락을 나누면서 공공의 이익과 행복을 위해 살아야 한다고 주장한다. 이것이야말로 최대 다수의 최대 행복이라는 것이다. 벤담은 옳은 행위는 쾌락을 늘리고, 옳지 못한 행위는 고통을 늘린다고 생각한다. 그래서 쾌락을 즐기기 위해 사람들은 옳은 행위를 해야 하며, 고통을 줄이기 위해 옳지 못한 행위를 해서는 안 된다고 말한다. 개인의 선, 옳은 행위, 쾌락이 모이면 결국 사회의 선, 옳은 행위, 쾌락이 된다. 개인의 선을 모두 합하면 결국 사회의 선이 되는 것이다. 그렇다면 결국 우리가 바라는 최대 다수의 최대 행복이 사회의 선이며, 옳은 행위이며, 쾌락이 되는 것이라 할 수 있다.

2 유용성

유용성은 쉽게 말해 '누가 더 잘 쓸 수 있는지'이다. 어떤 행위를 할 때 그 행위가 보다 많은 쓸모를 낳는다면 좋은 행위라고 할 수 있다. 유용성을 무엇으로 볼 것이냐에 따라 유용성에 대한 정의가 달라지겠지만, 공리주의자인 벤담은 유용성이 행복 또는 심지어 쾌락과 같은 뜻이라고 주장한다.

3 쾌락 계산법

어떤 행위가 쾌락을 낳고 어떤 행위가 고통을 낳느냐는 행위만 놓고 단순하게 비교해서 알아낼 수 없다. 사람의 숫자와 유용성에 따라 쾌락의 양과 고통의 양이 달라질 수 있기 때문이다. 따라서 쾌락의 양과 고통의 양을 비교하기 위해서는 계산을 할 수 있는 방법이 필요하다. 이것이 바로 쾌락 계산법이고 벤담은 '사람 수×유용성=개인이 느끼는 쾌락의 양'이라고 설명했다.

02강 '쾌락'은 다 똑같은 '쾌락'일까요?

case 1 사람들이 모두 같은 것에 대해 쾌락을 느끼고 고통을 느낀다면 어떤 행동을 할 것인지 결정하기가 무척 쉬워질 것이다. 그런데 실제로 쾌락과 고통이 사람마다 모두 똑같을까? 아래 글을 읽고 이 문제에 대해 논하시오.

"밀은 쾌락을 양으로만 따질 것이 아니라 질로도 따져야 한다고 주장했어. 벤담은 쾌락에는 여러 종류가 있다고 했지만 우선순위를 두지는 않았어. 잠을 자서 얻는 쾌락과, 책을 한 권 썼을 때 얻는 쾌락의 질이 같다고 생각했지. 너희는 어떻게 생각하니?"

나는 내가 나설 때라고 생각했어. 해리만 이해한 게 아니라 나도 제대로 이해했다는 걸 보여 주고 싶었지.

"아저씨 말을 듣고 보니까 좀 이상한 것 같아요. 저는 책을 써 본 적은 없지만, 학교에서 독서 감상문을 잘 써서 선생님께 칭찬을 받고 느끼는 쾌락과 낮잠을 달콤하게 자고 나서 얻는 쾌락은 좀 다른 것 같아요."

"어떻게 다르다고 생각하는데?"

"뭐랄까? 독서 감상문을 써서 얻는 쾌락이 좀 더 수준 높게 느껴져요."

"그래, 밀은 바로 그걸 주장한 거야. 쾌락에도 등급이 있다고 생각했지. 감각으로 느낄 수 있는 쾌락, 즉 먹는 것, 자는 것에서 오는 쾌락보다는 정신적인 쾌락이 더 수준 높은 것이라고 말했어. 그리고 인간은 항상 더 높은 수준의 쾌락을 원할 거라고 했지."

"저는 무엇보다 맛있는 걸 먹고 느끼는 쾌락이 제일 좋던데요?"

해리는 볼멘소리로 대꾸했어. 나와 아저씨는 해리를 미처 생각하지 못한 게 너무 미안해서 어색하게 웃고 말았지.

– 《벤담이 들려주는 최대 다수의 최대 행복 이야기》 중에서

생각 쓰기

　　나는 쾌락을 많이 낳는 일을 하고 싶다. 내가 하는 모든 일들이 쾌락만 낳고 고통은 낳지 않는다면 얼마나 좋을까? 그런데 내가 어떤 일을 할 것인가를 결정할 때, 어떤 사람은 고통을 느끼고 어떤 사람은 쾌락을 느낄 수도 있다. 예를 들자면, 우리 아버지가 편찮으셔서 병상에 계신 아버지께 문병 가기로 약속을 한 적이 있다. 그런데 마침 그 시간은 열 명의 친구들과 저녁을 먹기로 약속한 시간이기도 했다. 만약 내가 친구들과 저녁을 먹으러 간다면 아버지는 속상해하실 것이다. 반면 내가 친구들과의 약속을 어기고 아버지의 문병을 간다면 열 명의 내 친구들은 많이 서운해할 것이다. 하지만 약속을 동시에 지킬 수 없다면 나는 분명 선택을 해야 할 것이다.

㉮ "듣자하니 어려운 아이들을 데려다 입혀 주고 먹여 준다는데 맞습니까?"

관리 아저씨는 내 말을 무시하고 가게 구석을 살피며 물어보았어.

"맞습니다만."

"그런 일을 하시는 이유가 뭐죠?"

"공공의 행복을 위해서입니다."

"공공의 행복이요?"

"네."

"베컴 씨라고 하셨죠? 당신이 그런 일을 하지 않아도 공공의 이익을 위하는 일은 나라에서 알아서 하고 있습니다. 나서지 마시죠."

"나라에서 공공의 이익을 위해서 한다는 일이 뭡니까? 일곱 살짜리 아이들이 공장에서 위험한 일을 하면서 제대로 먹지도 못하고 있습니다. 이게 나라에서 하는 일입니까? 게다가 월급이 적은 아이들이 고용되면서 일자리를 빼앗긴 사람들이 늘어나다 보니 거리엔 노숙자들도 많이 생겼어요."

"일자리를 잃은 사람들에게는 실업수당이라고 해서 나라에서 돈을 주고 있습니다. 나라에서 이렇게 하고 있는데 뭐가 부족합니까?"

"바로 그 실업수당이 문제라는 겁니다."

"그게 문제라뇨? 그게 무슨 말입니까?"

"길거리의 노숙자들은 대부분 일을 할 수 있는 건강한 사람입니다. 그런 사람들에게 일자리를 주지 않고 돈을 주니 그들은 더 일을 하지 않는 것입니다. 일을 할 수 있는 건강한 사람이 일을 하지 않는 것은 사회 전체로 보면 큰 손해입니다. 차라리 그들에게는 일자리를 만들어 주고 그 돈으로 일할 능력이 없는 사람들을 도와주는 게 낫지 않을까요?"

– 《벤담이 들려주는 최대 다수의 최대 행복 이야기》 중에서

나 나는 부유한 사업가로, 되도록 많은 이들이 행복할 수 있도록 노력해야 한다는 공리주의자이기도 하다. 그래서 많은 이들을 위해 자선사업을 하려고 한다. 그런데 어려운 환경에 처한 사람들이 모인 시설에 도움을 주려면 어떻게 해야 할까?

ⓐ 잦은 행사를 통해 시설의 사람들에게 즐거움을 준다.
ⓑ 시설의 사람들이 계속 일할 수 있는 여건을 마련해 준다.

주 요 개 념 및 배 경 지 식

1 양적 공리주의

양적 공리주의는 쾌락의 종류를 나누어 어떤 쾌락이 다른 쾌락보다 더 낫다고 평가하지 않는다. 단지 사람의 수와 유용성에 따라 측정된 쾌락의 양만을 비교할 뿐이다. 벤담은 양적 공리주의자로 쾌락의 양이 많으면 많을수록 좋은 쾌락이라고 한다.

2 질적 공리주의

질적 공리주의는 양적인 쾌락보다는 질적인 쾌락이 더 중요하다고 생각한 입장이다. 이것은 어떤 쾌락이 다른 쾌락보다 낫다고 할 수 있다는 말이다. 사람들은 여러 가지 쾌락을 느끼면서 행복을 추구한다. 이런 여러 가지 쾌락에는 분명히 아주 나쁜 쾌락에서부터 아주 좋은 쾌락까지 여러 가지의 쾌락이 있다. 모든 사람은 자신만의 품위와 인격이 있는데, 자신의 품위와 인격에 맞는 쾌락을 경험을 통해 얻는다면, 그 쾌락은 질이 높은 쾌락이라고 할 수 있다. 결론적으로 육체적인 쾌락(배가 부를 때 느끼는 쾌락, 화장실을 갔을 때 느끼는 쾌락 등)은 질이 낮은 쾌락이며, 정신적인 쾌락(책을 읽고 느끼는 쾌락, 남을 도와줌으로써 느끼는 쾌락 등)은 질이 높고 고상한 쾌락이라는 것이다. 정신적인 쾌락이야말로 모든 사람을 오랫동안 행복하게 해 주며, 개인의 행복뿐 아니라 다른 사람의 행복에도 영향을 미치기 때문이다.

3 존 스튜어트 밀

존 스튜어트 밀(1806~1873)은 영국의 경제학자이자 철학자, 사회과학자로 초기에는 공리주의를 주장하였지만 이후 인간 정신의 자유를 해설한 《자유론》을 저술하였다. 영국 런던에서 태어나 엄격한 조기교육을 통해 세 살에 라틴어, 여덟 살에 그리스어, 열두 살에 논리학을 터득하였다고 한다. 소년기에 읽은 벤담의 글에 영향을 받아 공리주의를 주장하였는데, 벤담과 달리 쾌락의 양보다는 쾌락의 질이 더 중요하다고 생각하였다.

아비투어 철학 논술

예시 답안

① 벤담은 영국 런던에서 태어난 철학자이자 법학자이다.

② 벤담은 열두 살에 옥스퍼드대학교에 입학했고, 열다섯 살에 대학을 졸업했으며, 스
　물네 살에 변호사가 되었다.

③ 벤담은 선한 것은 쾌락, 악한 것은 고통이므로 쾌락을 늘리고 고통을 줄여야 한다
　는 '공리주의'를 주장하였다.

④ 벤담은 쾌락과 고통을 계산하는 계산법을 만들었다.

⑤ 벤담은 '최대 다수의 최대 행복'을 주장하였다.

⑥ 벤담은 의학에 도움이 되고자 자신의 사체를 해부할 수 있도록 유언을 남길 정도로
　이론과 실천이 일치된 사람이었다.

주 제 탐 구　**01**강　'최대 다수의 최대 행복'은 무엇인가요?

case 1　　제시된 글에 따르면 '공공의 적'은 많은 사람들을 해롭게 하는 것이란 뜻
　　　　　으로 풀이된다. 또한 '공공의 행복'이란 반대로 많은 사람들을 행복하게
하는 것이다. 모든 사람을 행복하게 해 주거나 모든 사람을 만족시키는 법과 제도를
만드는 것은 이상적인 사회에서나 가능한 것이다. 왜냐하면 누군가에게 이익이 되는
제도가 누군가에게는 불이익이 될 수도 있기 때문이다. 따라서 되도록 많은 사람들에
게 이익을 줄 수 있는 법이나 제도를 만들도록 해야 할 것이다. 전쟁은 많은 이들을 고

통에 빠뜨린다. 평화를 가져오기 위한 전쟁이라고 하더라도 원칙적으로 전쟁은 고통을 수반하는 것임에 틀림없다. 이와 같이 많은 이들에게 고통을 줄 결과가 예측되는 것이 있다면 그것은 공공의 적이라고 할 수 있다. 반면 많은 이들에게 행복을 가져다줄 수 있는 것이 있다면 그것은 공공의 행복이라고 부를 수 있을 것이다. 의료보험 제도나 노인복지와 같은 사회복지 제도들은 대다수 사회 구성원들의 복지, 행복을 가져다줄 것을 목표로 하는 제도들이란 점에서 공공의 행복이라고 할 수 있을 것이다.

case 2 첫 번째 상황 ㉮는 제주도로 수학여행을 가자는 대다수의 의견에 동의하지 않는 주인공이 어떤 선택을 해야 하는가 하는 문제이다. 즉 다수의 의견과 소수의 의견이 대립할 경우 어떤 선택을 해야 하는가 하는 문제라고 할 수 있다. 끝까지 자신의 의견을 고집해야 할까, 아니면 대부분의 의견에 따라야 할까? 이 경우 중요한 것은 앞서 살펴보았듯이 내가 선택한 행동의 결과가 많은 이들에게 행복을 줄 수 있는가를 고민해야 한다는 것이다. 다시 말해 나 혼자의 의견을 고집해서 경주로 갔을 때와 대부분의 아이들 의견을 따라 제주도로 갔을 때 각각의 결과 중 어느 것이 더 많은 이들에게 행복을 줄 수 있는가 하는 것을 생각해야 한다는 말이다. 모두들 수학여행을 가고 싶어 하고 자율적으로 아이들이 장소를 정하는 것이라면, 많은 아이들이 원하는 장소로 가는 것이 더 많은 행복을 주는 결과일 것이다. 따라서 이 경우에는 자신의 의견을 고집하는 것보다는 다수결에 의해 아이들의 의견이 모아진 장소로 가는 것이 좋은 선택이라고 할 수 있다.

두 번째 상황 ㉯는 다섯 사람의 생명과 한 사람의 생명 중에서 한 가지를 선택해야 하는 상황이다. 물론 모든 사람을 구할 수 있다면 좋겠지만 지금 문제 상황은 오직 한

번의 기회밖에 없다는 것이다. 여기서는 다섯 사람의 생명을 구하는 것이 더 좋은 선택이라고 할 수 있다. 분명 많은 사람들이 적은 사람보다 중요하다. 똑같은 값어치를 갖는 대상들 중(여기서는 생명) 더 많은 대상을 선택하는 것이 더 좋은 결과를 낳기 때문이다.

case 3 단순히 이용하는 사람들의 숫자만을 비교해 본다면 다리는 학교 앞에 놓아져야 할 것이다. 그런데 실제로 다리를 자주 사용하는 사람들은 목사님들이다. 즉 사용 횟수를 비교해 본다면 학교 학생들보다 목사님들이 더 많이 사용한다는 것이다. 공리주의는 '단순히 사람들의 숫자가 아니라 고통과 쾌락의 양이 문제이다'라고 앞서 말했다. 그런데 쾌락과 고통의 양을 어떻게 비교할 수 있을까? 그래서 벤담은 쾌락의 양을 산출하는 공식을 만들어 낸다. '사람 수×유용성=개인이 느끼는 쾌락의 양'이라는 것이다. 공리주의가 더 많은 쾌락을 가져오는 행위를 해야 한다고 주장하는 것이라면, 쾌락의 양을 비교하는 공식은 매우 중요하다고 할 수 있다. 사람 수와 유용성을 함께 생각함으로써 개인들의 쾌락의 양을 비교할 수 있고, 그래서 우리가 어떤 행동을 할 것인지를 결정할 수 있기 때문이다.

case **1** 벤담은 최대 다수의 최대 행복이라는 기준으로 가장 많은 사람들에게 가장 많은 행복이 돌아갈 수 있도록 도덕과 법을 정리하려고 했다. 그리고 쾌락 계산법을 통해 사람들이 최대한 쾌락을 느낄 수 있는 방법을 찾으려 했다. 하지만 영국 사람들은 이러한 벤담의 쾌락 계산법에 의심을 품었다. 왜냐하면 벤담이 말하는 쾌락은 양적인 쾌락이었지 질적인 쾌락은 포함되지 않았기 때문이다. 분명 쾌락에도 질적으로 우수한 쾌락과 질적으로 낮은 쾌락이 있음에 틀림없다. 심지어 사람들 중에는 남에게 고통을 주는 것을 쾌락으로 여기는 사람이 있다. 이때 그들이 느끼는 쾌락을 도덕적으로 평가해 본다면 '나쁜 쾌락'이라고 할 수 있다. 영국의 철학자 존 스튜어트 밀은 이러한 벤담의 양적 쾌락의 문제점을 지적하고 증명할 수는 없지만 양적 쾌락보다는 질적인 쾌락이 더 중요하다고 생각했다.

case **2** 여기서는 아버지와의 약속을 지켜야 한다고 답할 수 있다. 아버지와의 약속을 지켜야 한다는 주장의 이유는 내가 찾아감으로써 느끼는 기쁨을 비교해 보았을 때 친구들이 느끼는 기쁨보다 아버지께서 느끼는 기쁨이 더욱 클 것이기 때문이라고 할 수 있을 것이다. 이는 앞서 풀어 본 문제 상황과 차이점이 있다. 이번에는 단지 사람들의 숫자만이 중요하다는 것이 아닌 다른 기준을 이용하고 있는 것이다. 즉 고통의 양, 행복의 양을 비교하는 것이다. 그러니까 10명이건, 50명이건 그것이 중요한 것이 아니라 전체적인 쾌락과 고통의 양이 중요하다는 것이다. 벤담은 어떤 사람이 어떤 행동을 했을 때, 그 사람은 쾌락과 고통을 동시에 갖는다고 했다. 그렇다면 그 사람이 갖는 쾌락의 전체와 고통의 전체가 있을 것이다. 벤담은 바로 이 쾌락의 전체 양과 고통의 전체 양을 비교했다. 이 두 양 중 많은 쪽에서 적은 쪽을 빼서 남는 쪽이 그 사람이 느끼는 쾌락이나 고통이 되는 것이다. 두 양에 뺄셈을 해서 쾌락이 남으면, 그 사람의 행동은 쾌락, 즉 좋은 행동이며 옳은 행동이고 행복을 느낄 수 있는 것이다. 그러나 고통의 양이 많으면, 그 사람의 행동은 옳지 못한 행동이며, 불행이며 행복을 느낄 수 없는 것이다.

case 3 공리주의자들은 한 가지 행동으로 인해 생기는 결과가 어떤 영향을 미치는가를 생각하고 행동하라고 말한다. 예를 들어 아이에게 생일 선물을 주려할 때 공리주의자들의 경우 칼이나 총과 같은 장난감을 사 주기보다는 좋은 책처럼 보다 좋은 결과를 낳을 수 있는 것을 선물하려 할 것이다. 즉 어떤 행동이 계속해서 좋은 결과를 낳을까를 생각하라는 것이다. 이는 벤담이 내놓은 쾌락과 고통을 산출하는 일곱 가지 기준 중 하나이다. 벤담이 내놓은 일곱 가지 기준은 다음과 같다. 1. 얼마나 쾌락이 강한가라는 쾌락의 강한 정도, 2. 쾌락이 얼마나 오래가는가 하는 지속도, 3. 쾌락이 얼마나 확실한가 하는 확실도, 4. 쾌락이 얼마나 가까운 곳에 있는가 하는 신속도, 5. 쾌락이 또 다른 쾌락을 낳는가 하는 다산도, 6. 얼마큼 고통의 고통이 따르는가 따르지 않는가 하는 순수도, 7. 쾌락이 얼마나 많은 사람들에게 영향을 주는가 하는 광(廣)도가 그것이다. ㉮에서 살펴본 바와 같이 사회제도나 법을 만드는 데 있어서 보다 많은 사람들이 행복해질 수 있게 하려면, 당장 많은 사람들이 행복해지는가를 고려할 것이 아니라 얼마나 오래 행복을 유지할 수 있는지를 먼저 생각해 보아야 할 것이다.

두 번째 글 ㉯에서는 여러분이 공리주의자이자 자선사업가라면 어떤 선택을 하겠느냐고 묻고 있다. ⓑ를 선택해야 할 것이다. 왜냐하면 행사의 경우는 그것이 미치는 효과가 그다지 크지 않지만 일할 여건을 마련해 주는 것은 더 많은 쾌락을 낳을 수 있기 때문이다.

Abitur

철학자가 들려주는 철학이야기 013

왕수인이 들려주는 양지 이야기

저자_김광식

서울대학교 철학과에서 학사·석사 과정을 마치고 독일 베를린 자유대학교 철학과에서 박사 과정을 마쳤다. 저서로는《사회철학대계 4: 기술시대와 사회철학》(공저)이 있고, 역서로는《흄—나는 존재하지 않는다》,《마르크스 정치경제학의 변증법적 방법 I, II》(공역),《철학대사전》(공역) 등이 있으며, 논문으로는〈본질과 현상의 범주를 통해 본 인식들 사이의 모순의 문제〉,〈사이버네틱스와 철학〉 등이 있다. 서양철학과 동양철학을 비교하는 데 많은 관심을 가지고 있다.

왕수인

王守仁

다음 글을 읽고 왕수인이 누구인지, 그리고 그의 사상은 무엇인지 요약하시오.

왕수인은 명나라 때의 철학자이자 문학가였으며 교육가, 군사 전략가, 관리였다. 처음 이름은 왕운이었으며 나중에 수인으로 고쳤다. 호는 양명이었고, 그에게 가르침을 받은 사람들은 그를 양명 선생이라 불렀다. 과거에 합격하여 벼슬길을 걸었으며 환관 유근을 탄핵하다 미움을 받아 용장이라는 곳으로 귀양과 다름없는 좌천을 당했다. 거기서 '마음이 곧 진리' 라는 것을 깨닫고, 뒤에 중앙으로 다시 올라와 관직 생활을 하던 중 도적의 소탕이나 반란을 진압하는 공을 세웠습니다. 그런 바쁜 생활 속에서도 학문에 몰두하고 제자들을 틈틈이 가르쳐 양명학을 완성시켰다. 그는 죽기 전에 도적을 소탕하고 돌아오다가 세상을 떠났다.

왕수인은 주자학에 대하여 불만을 느끼고 새로이 유학을 발전시켰는데, 이것을 양명학이라 부른다. 양명학은 명나라 중기 이후에 크게 번성하였고, 많은 학자들을 배출하였다. 우리나라에서는 퇴계 선생이 양명학을 비판한 이후 양명학을 자유롭게 연구하지 못하였다. 그러다가 하곡 정제두와 몇몇

학자들이 강화 학파를 이루어 양명학을 연구하였고, 구한말 독립운동가 박은식 선생을 중심으로 여러 사람들이 양명학에 관심을 갖고 유교를 새롭게 개혁해 보려고 시도하기도 하였다.

양명학의 특징은 주자학에 비하여 공부 방법이 간단하다는 것이다. 수많은 책들을 읽어 가며 사물에서 진리를 찾아야 하는 주자학과 달리 자신의 마음에서 진리를 찾기 때문이다. 그래서 생활 속에서 얻은 자신의 깨달음을 쉽게 행동에 옮길 수 있다. 또 현실에 유연하게 대처할 수 있고 융통성을 발휘할 수 있다. 반면에 저마다 자신의 깨달음을 진리라고 할 경우 진리의 기준이 흔들릴 우려가 있다.

주자학(朱子學)

주자학은 중국 남송 때 주자가 완성한 유학의 한 갈래이다. 유학은 송나라 때에 들어 불교와 유교의 도전을 받았고, 이후 철학적으로 변천하여 새롭게 만들어졌다. 이때 만들어진 유학을 송학 또는 성리학이라 불렀다. 주자가 송나라 말에 완성하였기에 주자학이라 부른 것이다. 우리나라에서는 퇴계 선생이나 율곡 선생이 주자학을 발전시킨 주자 학자에 속한다.

01강 양지는 대체 뭐지?

case 1 다음 제시문을 읽고 양지가 무엇인지 두 이야기를 비교하여 설명하시오.

가 감자와 저는 왕수인이 깨달았다는 양지의 이치가 무엇인지 알아내기 위해 많은 고민을 했어요. 처음에는 너무 막막했어요. 그러다가 왕수인의 사상을 다시 한 번 되짚어 보기로 했지요. 간단하고 쉬운 학문을 추구했던 왕수인은 모든 사물에 진리가 숨어 있다는 주자의 사상을 반박하여 진리란 오직 사람의 마음에 있다고 보았습니다. 그러다가 감자와 저는 양지 역시 사람의 마음속에 있다는 것을 알았고 곧 진리가 양지임을 깨닫게 되었지요. 양지란 한마디로 설명하기는 쉽지 않지만 일종의 양심과도 같습니다. 모든 사람은 도덕적인 본성을 가지고 태어나지요. 즉 어떤 경우라도 옳고 그름을 판단하여 그중 옳은 일을 하게 도와주는 능력, 그것이 바로 양지라고 할 수 있어요. 사람들은 양지를 가지고 있기 때문에 착한 일을 하며 살아가는 것입니다. 오늘날 우리 주변을 보면 욕심을 버리고 순수한 마음으로 착한 일을 하는 사람들을 볼 수 있습니다. 그 사람들은 자신이 손해를 보면서까지 옳은 일을 하려고도 하지요. 대체 그런 마음은 어디에서 온 것일까요? 누가 시킨 것일까요? 아니면 학교에서 그렇게 해야 한다고 배웠을까요? 아닙니다. 왕수인은 사람이면 모름지기 그런 착한 마음을 원래부터 가지고 태어났다고 보았던 것입니다.

― 《왕수인이 들려주는 양지 이야기》 참고

📘 4덕이란 모든 사람이 본래 가지고 있는 네 가지 덕을 말합니다. '덕'이란 착한 행동을 하려는 착한 마음을 뜻합니다. 맹자에 따르면, 사람이면 누구나 사랑하는 마음, 옳은 마음, 예의바른 마음과 지혜로운 마음을 가지고 있다고 합니다. 4단이란 모든 사람이 본래 네 가지 덕을 가지고 있다는 것을 알아낼 수 있는 네 가지 실마리입니다. 불쌍히 여기는 마음을 따라가면 사랑하는 마음을, 자신의 잘못을 부끄러워하고 남의 잘못을 미워하는 마음을 따라가면 옳은 마음을, 사양하는 마음을 따라가면 예의바른 마음을, 옳고 그름을 가리는 마음을 따라가면 지혜로운 마음을 찾을 수 있습니다.

― 《아비투어 철학 논술 ― 맹자(초급)》 중에서

📗 사단은 불쌍히 여기는 마음, 부끄러워하는 마음, 사양하는 마음, 옳고 그름을 따지는 마음을 일컫는데, 이 네 가지 마음은 인간이 타고난 착한 마음들이야.

칠정은 기쁨, 분노, 슬픔, 두려움, 사랑, 미움, 욕망을 가리키는 것으로 일곱 가지 종류의 인간 감정을 나타내는 말이야. 칠정은 착한 감정도 있고 나쁜 감정도 있어. 그 착한 감정이 바로 사단이야.

나쁜 감정이 없고 착한 감정만 있는 사람을 성인군자라고 해. 나쁜 감정은 나쁜 기질에서 비롯되지. 도덕적인 수양을 통해 나쁜 기질을 좋은 기질로 바꾸면 나쁜 감정은 사라지고 착한 감정만 남게 되어 성인군자가 될 수 있어.

– 《이이가 들려주는 이통 기국 이야기》 중에서

생각 쓰기

서양 사람들은 우리나라 사람들이 개고기를 먹는 것을 '양심 없는 행동'이라며 비난한다. 중국의 유학자 왕수인은 모든 사람이 양지를 가지고 있다고 주장하였다. 양지는 양심과 같은 말이다. 다음 글을 읽고, 서양 사람들이 개고기를 먹는 우리나라 사람들을 '양심 없다'고 비난하는 것에 대해 서술하시오.

가 "양지가 뭔지 더 자세히 좀 설명해 주세요. 그렇다면 양지라는 건 사람의 착한 마음을 뜻하는 건가요?"

"하하, 양지는 한마디로 설명하기 쉽지 않아. 음……. 일종의 양심과도 같다고 생각하면 될 거야. 즉, 하늘이 모든 인간에게 준 도덕적인 본성이라고 볼 수 있지. 너희들이 너무나도 갖고 싶어 하는 장난감을 친구가 가지고 있어. 그렇다면 그것을 훔치겠니?"

나와 감자는 깜짝 놀랐다.

"아니요! 그건 나쁜 짓이잖아요!"

"하하, 그렇지. 그건 나쁜 짓이다. 나쁘다는 것을 알고 도둑질을 하지 않게 절제할 수 있는 능력, 그것이 바로 양지야. 사람에게는 그런 능력이 있기 때문에 착한 일을 할 수 있는 거야."

"그러니까 즉 무엇이 옳고 무엇이 옳지 않은지 판단할 수 있는 능력이 바로 양지라는 것이지요?"

"맞다!"

아, 나의 환상적인 이해력!

– 《왕수인이 들려주는 양지 이야기》 중에서

④ 사람을 잡아먹는 풍습을 가진 인종을 식인종이라고 한다. 약 100년 전만 해도 세계 곳곳에 식인종들이 있었지만 지금은 거의 사라졌다. 지금까지 사람을 먹는 풍습이 남아 있는 곳은 세계에서 세 곳 정도이다.

남태평양의 파푸아뉴기니에 있는 포르족의 경우 주로 가족이나 친척의 시체를 먹는다. 사람을 먹는 풍습이 없는 우리에게는 도저히 이해할 수 없는 행위이지만, 포르족에게는 사람을 먹는 풍습이 죽은 사람을 잊지 않겠다는 의미라고 한다.

남태평양의 사람을 먹는 풍습이 있는 민족들에게는 그러한 풍습에 각기 다른 의의가 있다. 전쟁 후에 포로를 잡아먹는 행위는 적개심을 고취시키고 적의 세력을 약화시키기 위한 행동이었다.

남아메리카 아마존 강 유역의 구이아카족도 사람을 먹는 풍습을 지니고 있다. 이들은 죽은 이를 불태우고 남은 뼈와 살을 갈아서 국과 섞어 마신다. 친척들이 모여 이런 행동을 하는 것은 죽은 이를 기리기 위한 방법이다.

⑤ 내가 어렸을 때부터, 우리 가족은 부모님의 직장 문제로 미국이나 캐나

다, 호주 등지에서 몇 년씩 살아야 했다. 우리 가족은 그때마다 함께 이사를 했지만, 할머니는 홀로 한국에 있는 양로원에 계실 수밖에 없었다. 나이 드신 할머니께서 외국 생활에 적응하는 것을 힘들어하셨기 때문이다. 부모님은 하루에 한 번씩 할머니께 안부 전화를 드리고, 명절 때마다 정성스런 선물을 보내곤 하셨다. 그리고 언제나 할머니를 걱정하셨다. 부모님은 항상 나이 드신 할머니를 홀로 양로원에 남겨 둔 것에 대해 죄책감을 갖고 계셨다. 오히려 할머니께서는 양로원에서 친구도 많이 사귀시고 생활하기도 편하다고 하셨는데도 말이다.

반면, 미국에서 사귄 내 친구 수잔은 할아버지, 할머니와 따로 산다. 수잔의 할아버지, 할머니는 수잔이 사는 동네에서 약간 떨어진 양로원에서 살고 계시고, 수잔은 한 달에 한 번 정도 그곳으로 가서 함께 점심을 먹는다. 우리 부모님은 그런 수잔네 가족을 보면서 '은혜를 모르는, 양심 없는 행동'이라고 하셨다. 우리 부모님은 자식이라면 나이 드신 부모님을 직접 모시는 것이 당연하다며, 그렇게 하지 않는 것은 불효라고 말씀하셨다.

생각 쓰기

가 나는 유교에서 왕수인이 말한 '사람의 마음속에서는 양지(양심)가 들어 있다' 는 것을 믿는다. 왜냐하면 나쁜 짓을 하는 사람도 자기가 하는 일이 양심에 어긋난다는 것은 알고 있기 때문이다.

나 나는 기독교에서 말하는 '예수가 하나님의 아들이다' 라는 것을 믿는다. 왜냐하면 성서에 그렇게 나왔기 때문이다.

다 나는 '물이 얼면 딱딱해진다' 는 것을 안다. 왜냐하면 물을 얼려 보니 딱딱해지는 것을 경험을 통해 확인했기 때문이다.

라 나는 '지구가 둥글다' 는 것을 안다. 왜냐하면 우주 비행사들이 직접 경험을 통해 확인하고 찍어서 보낸 사진을 보고 간접적으로 확인했기 때문이다.

주 요 개 념 및 배 경 지 식

1 맹자

맹자는 약 2,400년 전에 중국에서 태어난 사상가이다. 맹자의 원래 이름은 '가(軻)'이고, '맹자'라는 이름은 높여서 부르는 이름이다. 맹자가 태어난 시대는 전국시대라고 한다. 242년 동안 무려 460번의 전쟁을 했다고 하여 '싸우는 나라들의 시대'라는 뜻이다. 여러 나라들이 서로 더 힘 있고 좋은 나라를 만들려고 경쟁하자, 그를 위해 수많은 사상가들이 고민하여 수많은 생각들을 내놓았다. 수많은 사상가들과 수많은 생각들을 '제자백가'라고 한다. 맹자는 그 제자백가 가운데 한 사람이다.

맹자는 사랑을 최고의 덕목으로 삼는 공자의 유교 사상을 발전시켜 사랑, 옳음, 예의, 지혜의 사상으로 만들었다. 사람은 모두 그러한 착한 마음들을 가지고 태어나며, 왕을 비롯한 모든 사람이 덕을 베풀며 살면 좋은 세상이 된다고 생각했다. 하지만 싸움에 정신이 팔린 왕들은 힘이 아니라 덕으로 다스리라는 맹자의 말을 코웃음을 치며 무시했다. 맹자는 왕들을 설득하는 것을 포기하고 제자들을 교육하고 책을 쓰는 일에 전념하다 84살의 나이로 세상을 떠났다. 맹자는 세상을 떠났지만 맹자의 말은《맹자》라는 책에 적혀 오늘날까지 우리에게 좋은 가르침을 준다.

2 4덕과 4단

4덕이란 모든 사람이 본래 가지고 있는 네 가지 덕으로 사랑하는 마음, 옳은 마음, 예의바른 마음과 지혜로운 마음을 말한다. 4단이란 모든 사람이 본래 네 가지 덕을 가지고 있다는 것을 알아낼 수 있는 네 가지 실마리로 불쌍히 여기는 마음, 자신의 잘못을 부끄러워하고 남의 잘못을 미워하는 마음, 사양하는 마음, 옳고 그름을 가리는 마음을 말한다.

3 칠정

칠정은 기쁨, 분노, 슬픔, 두려움, 사랑, 미움, 욕망을 가리키는 것으로 일곱 가지 종류의 인간 감정을 나타내는 말이다. 칠정은 착한 감정도 있고 나쁜 감정도 있다. 그 가운데 착한 감정을 이이는 사단이라고 보았다. 하지만 이황은 사단이 칠정에 포함되는 것이 아니라 엄격히 구분되는 전혀 다른 것이라고 주장하였다.

02강 지행합일이 뭐야?

case 1 다음 제시문들을 읽고 지행합일이 무엇인지, 왜 알고도 행하지 않는 경우가 있는지 자신의 경험을 바탕으로 말해 보시오.

"그렇다면 도무지 말이 안 되는구나. 공공장소에서 해서는 안 되는 일을 아주 잘 알고 있는 너희가 왜 휴지를 함부로 버리거나 식당에서 뛰어다니는 행동을 한 거지?"

오빠가 이렇게 말하자 우리는 모두 부끄러워졌다.

"그런 것을 바로 아는 것과 행동하는 것이 일치하지 않는다고 말하는 거란다. 너희뿐만 아니라 아주 많은 사람들이 아는 것을 실천하지 않는단다. 물론 이런 문제는 오늘날만의 문제는 아니란다. 아주 오래전부터 철학자들의 토론 주제였지. 그렇다면 왜 사람들은 어떤 것이 옳은지 알면서도 그것을 실천하지 않을까? 너희가 당장 악기 연습을 해야 한다는 사실을 알면서도 하기 싫어하는 것과 마찬가지로 말이다. 기억나니? 왕수인은 '내 마음이 진리'라고 말했었지? 그래서 그는 욕심이 마음을 가리지만 않는다면 그것은 곧 행동으로 옮겨질 수 있다고 보았단다. 즉 왕수인은 아는 것과 행동하

는 것이 따로 떨어지지 않는다고 보았어. 이것을 바로 지행합일(知行合一)이
라고 한단다. "

주 요 개 념 및 배 경 지 식

지행합일

　지행합일은 '아는 것과 행동하는 것이 합하여 하나' 라는 양명학의 중요한 이론 가운데 하나이다. 지행합일은 아는 것과 행동하는 것은 따로 떨어지지 않는다는 것이다. 사람들이 말하는 행동이란 눈에 보이게 겉으로 손이나 발을 움직이는 것만을 말하지만, 왕수인은 눈에 보이지 않은 마음의 움직임까지 행동으로 보고 있다.

　이렇게 그가 아는 것과 행동하는 것이 하나라고 말한 데는 이유가 있다. 사람들은 마음속으로 온갖 나쁜 일과 욕심이 가득하면서도 정작 그것이 행동으로 드러나지 않았을 때는 문제 삼지 않는다. 온갖 나쁜 일들은 이미 마음속에서 계획되어 나오는 것이다. 그렇기 때문에 착하게 살려면 애초부터 마음을 바르게 가져야 할 필요가 있다. 진리인 내 본래의 마음을 잘 발휘하려면, 마음속에 있는 사사로운 욕심이나 악의 뿌리를 완전히 뽑아 버려야 한다. 마음은 마음에서 그치는 것이 아니라 행동의 시작이기 때문이다. 그러고 나서 행동한 후의 앎이야말로 제대로 아는 앎의 완성이 되는 것이다.

아는 것은 행동의 중요한 방향이다. 행동은 아는 것의 공부이다. 아는 것은 행동의 시작이고, 행동은 아는 것의 완성이다. 아는 것을 말하면 행동이 이미 그 속에 들어 있고, 행동을 이야기하면 아는 것이 그 속에 자연히 들어 있다.

아비투어 철학 논술

예시 답안

① 왕수인은 중국 명나라 때의 유교 사상가로, 호는 양명이다.

② 왕수인은 벼슬을 하다 지방으로 쫓겨났는데, 귀향 간 그곳에서 마음이 진리라는
   것을 깨달았다. 그리고는 그 깨달음으로 '양명학'을 만들었다.

③ 양명학은 주자학을 비판하고 유학을 새롭게 바꾼 것이다.

④ 주자학이 사물에서 진리를 찾아내는데 반해 양명학은 마음에서 진리를 찾았다.
   마음에서 깨달음을 얻기 때문에 현실에 맞게 적용하기가 쉽지만 사람마다 깨달
   음이 달라 혼란이 올 가능성이 있다.

⑤ 양명학은 중국에서는 크게 번성하였지만 우리나라에서는 크게 퍼지지 못하였다.

주 제 탐 구 **01강** 양지는 대체 뭐지?

case 1   양지는 선과 악을 판별하는 능력이자 선을 행할 수 있는 능력을 말한다. 선
          과 악을 판별하는 능력이라는 측면에서는 맹자의 4단 가운데 옳고 그름을
가리는 마음이 양지에 상응하고, 또한 그러한 실마리를 따라가면 발견할 수 있는 지혜
가 양지에 상응한다. 하지만 선을 행할 수 있는 능력이라는 측면에서는 맹자의 4단 가
운데 불쌍히 여기는 마음과 사양하는 마음이 양지에 상응하고, 또한 그러한 실마리들
을 따라가면 발견할 수 있는 사랑과 예의가 양지에 상응한다.

그러한 마음들은 누구나 타고나지만 잘 기르면 많아지고 잘 기르지 못하면 줄어든

다. 그러한 마음들을 가지고 태어나면서도 악을 행하는 것은 타고난 마음들을 잘 기르지 못했기 때문이다.

case 2　서양 사람들은 자신들이 개고기를 먹는다면 스스로 양심에 가책을 느낄 것이라고 생각한다. 그러므로 한국 사람들도 양심이 있다면 그러한 가책을 느껴야 한다고 생각한다. 그러나 한국 사람들은 아무런 가책을 느끼지 않고 개고기를 먹는다. 그러므로 서양 사람들은 한국 사람들이 양심이 없다는 결론을 내린다.

하지만 서양 사람들이 자신들의 도덕적 기준을 가지고 다른 나라 사람들을 판단하는 것은 합당하지 않다. 그러면서 ㉯의 경우처럼 우리가 생각하기에 그들이 양심이 없다고 생각되면 그들도 우리들의 도덕적 기준으로 판단하여 양심 없는 행위를 한다고 반박한다.

얼핏 보면 모든 사람은 같은 양심(양지)을 가지고 있다고 생각한 왕수인이 틀렸다고 생각할 수 있다. 심지어 ㉯의 경우처럼 사람을 먹고도 아무런 양심의 가책을 느끼지 못하는 식인종도 있다. 양심은 문화마다 서로 다르다는 것이 확실한 진리로 생각된다.

하지만 만약 함께 기뻐하고 함께 슬퍼하며 애완동물로 기르던 강아지를 잡아먹는다고 하면 양심에 아무런 가책을 느끼지 않을까? 개고기를 먹는 것에 양심의 가책을 느끼지 않는 사람들이 있는 반면, 양심의 가책을 느끼는 사람들이 있는 것은 양심이 달라서라기보다는 개를 키우는 목적이 다르기 때문이다.

한편 식인종은 자기가 좋아하고 존경하던 사람이 죽으면 그가 죽은 뒤에도 함께하고 싶은 마음에 그 사람 몸의 일부를 먹는다고 한다. 식인종의 겉으로 드러난 행동만을 보고 그들에게 양심이 없다고 생각하는 것은 옳지 못하다고 생각한다. 각자의 양심이 다른 것이 아니라 양심은 같지만 그 양심을 표현하는 삶의 방식이 다르기 때문이다.

case 3   얼핏 생각하면, 우리는 확실한 것은 안다고 하고 확실하지는 않지만 그렇다
고 생각하는 것은 믿는다고 하는 것 같다. 하지만 확실하다고 알고 있었던
것이 확실하지 않은 것으로 드러나기도 하고 확실하지 않다고 믿고 있었던 것이 확실한
것으로 드러나기도 한다. 옛날에는 '지구가 평평하다' 는 것은 확실한 것으로 알고 있었
다. 하지만 지금 그것은 확실하지 않은 것으로 드러났다. 반면에 '지구가 둥글다' 는 것
은 확실하지 않은 것으로 믿고 있었다. 하지만 지금 그것은 확실한 것으로 드러났다.
믿는 것과 아는 것의 차이는 내용이 확실한지 아닌지에 있는 것이 아니라, 그 내용이 직
접적으로든 간접적으로든 경험을 통해 알게 된 것인지 아닌지에 있는 것 같다. ㉮와 ㉯
는 경험을 통해 확인할 수 있는 것들이 아니기 때문에 성서에 대한 믿음이나 '나쁜 짓
을 하는 사람도 자기가 하는 일이 양심에 어긋난다' 는 다른 사실에 대한 믿음 때문에
믿는다. 하지만 ㉰와 ㉱는 직접적이거나 간접적인 경험을 통해 확인을 했기 때문에 알
고 있다고 하는 것이다.

주 제 탐 구 **02** 강 지행합일이 뭐야?

case 1   지행합일이란 아는 것과 행동하는 것이 일치한다는 뜻이다. 예를 들어, 따돌
림을 당하는 친구가 있다고 치자. 친구가 따돌림을 당하는데 그대로 보고만

있는 것은 나쁜 일이라는 것을 알지만 따돌리지 말라고 말했다가 나까지 따돌림을 당할까 봐 다른 아이들을 말리지 못한다. 이처럼 어떻게 하는 것이 올바른지 알면서도 그렇게 행동하지 못하는 이유는 그 행위를 하면 자신에게 불이익이 올 것이라고 생각하기 때문이다. 이것은 진정으로 안다고 할 수 없으며, 결단력과 추진력을 갖추어 머릿속으로만 아는 것을 바로 행동으로 옮겨야 진정한 앎을 실현할 수 있는 것이다.

Abitur

철학자가 들려주는 철학이야기 014

헤겔이 들려주는 정신 이야기

저자_**박민수**

연세대학교 독문과를 졸업하고 동 대학원에서 석사 학위를 받았다. 지금은 독일 베를린 자유대학에서 '근대 미학에서 미적 가상의 개념'이란 주제로 박사 논문을 준비하고 있다. 전문 번역가로도 일하고 있으며, 그동안 번역한 책으로는 《우리의 포스트모던적 모던》, 《데리다-니체, 니체-데리다》, 《신의 독약》, 《책벌레》, 《크라바트》 등이 있다.

헤겔

Georg Whilhelm Friedrich Hegel

다음 글을 읽고 헤겔은 어떤 사람이었는지 요약하시오.

헤겔(1770~1831)은 독일 슈투트가르트에서 목사의 아들로 태어났고 튀빙겐 신학교를 다녔다. 신학교 시절에는 친구들과 함께 그리스 비극 작품을 즐겨 읽었고 프랑스에서 일어난 혁명에 환호했다. 프랑스 혁명이 세계를 변화시키는 사건이라고 생각했기 때문이다.

그는 대학을 마치고 3년간 가정교사로 일하면서 칸트 철학을 열심히 공부했으며 칸트의 사상에서 큰 영향을 받았다.

헤겔은 1807년 《정신현상학》이란 책을 세상에 내놓았는데, 이는 독일에서 새로운 철학의 시작을 알리는 대작이었다.

1818년 독일 베를린 대학의 철학 교수로 임명된 그는 많은 젊은 지식인들을 가르쳤고 명실상부한 독일 최고의 철학자로 인정받았다.

헤겔은 명성이 절정에 달했을 무렵인 1831년 콜레라에 걸려 61세의 나이로 세상을 떠났다.

헤겔의 사상은 후세에 큰 영향을 미쳤다. 역사를 중시한 헤겔의 견해는 19세기 유럽 역사주의 발전에 선구 역할을 한 것이라 평가할 수 있다.

그리고 무엇보다 마르크스 사상은 헤겔 철학에서 아주 큰 영향을 받았는데, 마르크스 사상은 러시아와 중국 등에서 일어난 사회주의혁명의 밑거름이 된 사상이다.

1 프랑스 혁명

프랑스 혁명이란 1789년 7월 14일부터 1799년 11월 9일까지 약 10년 동안 프랑스에서 일어난 시민혁명을 말한다. 프랑스 혁명을 일으킨 시민들은 절대왕정을 폐지하고 자유롭고 평등한 사회를 건설하자고 주장했다. 프랑스 혁명은 현대 모든 민주주의 국가 건설의 밑거름이 되었다.

2 역사주의

역사주의는 19세기 말 유럽에서 생겨난 사상이다. 역사주의는 세상의 모든 앎과 옳고 그름은 변하는 것이라고 가르친다. 즉 사람들이 생각하는 진리와 가치는 영원히 변하지 않는 것이 아니라 시대에 따라서 달라진다는 것이다. 이러한 역사주의는 세상의 사물이나 인간의 앎이 항상 같은 상태로 머물지 않고 끊임없이 운동한다는 헤겔의 사상과 맞물려 있다.

3 마르크스 사상

마르크스 사상은 독일의 철학자 카를 마르크스(1818~1883)의 사상을 말한다. 마르크스는 베를린 대학에 다닐 때 헤겔의 철학을 처음 알게 되었고, 이를 발전시켜 사회변혁을 위한 사상 체계를 만들어 냈다. 마르크스 사상은 자본주의 사회의 구조와 문제를 지적하고 있으며, 가난한 자와 부유한 자의 구별이 없는 이상적인 사회주의 사회의 건설에 관해 논하고 있다.

4 사회주의혁명

사회주의혁명이란 자본주의 사회를 변혁해서 사회주의 사회로 넘어가기 위한 혁명을 말한다. 사회주의혁명에 대한 이론은 마르크스와 그의 친구 엥겔스에 의해 처음 마련되었고 그 후 러시아의 레닌, 중국의 모택동(마오쩌둥), 이탈리아의 그람시 등이 이 이론을 더욱 발전시켰다. 사회주의혁명은 러시아와 중국, 쿠바, 베트남 등에서 일어났지만, 사회주의자들이 생각했던 이상적인 사회는 아직 건설되지 않았다.

01강 정신은 무엇일까요?

case 1 다음은 해결 선생님과 정신이의 대화이다. 다음 글을 읽고 철학자 헤겔은 정신을 어떤 것이라 생각했는지 써 봅시다.

　"헤겔이라는 이름의 유명한 독일 철학자가 있었단다. '정신'에 대해 아주 많이 공부한 사람이지. 잘 들어 보렴. 정신이 얼마나 중요한 것인지 이제 알게 될 거야. 정신은 자유로우니까 시간과 공간을 마음대로 옮겨 다닐 수 있어. 그래서 정신은 과거의 지식을 배우기도 하고, 그것을 이용해서 새로운 것을 만들기도 한단다. 그리고 무엇보다 자기 자신에 대해 알려고 하지."

　정신이는 해결 선생님이 '정신은'이라고 할 때마다 자신의 이름을 말하는 것 같아 쑥스러웠다. 방금 전까지 엄마 생각이 나서 맺혔던 눈물방울도 어느새 사라졌다.

　"그런데 정신이 왜 자기 자신을 알려고 해요?"

　아이들의 놀림을 받고 혼자 외롭게 울 때, 정신이는 '과연 나는 누구일까?'라고 생각한 적이 많았다. 그래서 정신이 자기 자신에 대해 알려고 한다는 말에 귀가 솔깃했다.

"음, 그건 욕구가 있기 때문이야. 정신이 자기 자신을 알려는 욕구 말이지. 그러니까 정신은 '알려고 하는 정신'과 그 정신에 의해 '알려지는 정신'이 있는 셈이지."

–《헤겔이 들려주는 정신 이야기》중에서

생각 쓰기

괴테

　괴테(1749~1832)는 독일의 대작가이다. 프랑크푸르트에서 태어난 그는 아버지에게서 철저한 교육을 받았고 어머니에게서 예술적 재능을 물려받았다. 괴테는 라이프치히 대학에서 법학을 공부했지만 미술과 문학에 더 큰 관심을 가졌고 작가가 되었다.

　괴테의 작품으로는 《젊은 베르테르의 슬픔》과 《파우스트》, 《이피게니에》, 《빌헬름 마이스터》 등이 있는데, 모두 오늘날 세계적 고전으로 읽히는 작품들이다.

　괴테는 문학뿐 아니라 해부학, 지질학, 광물학, 식물학 등 자연과학에도 큰 관심을 가졌다. 자연과학을 다룬 그의 글로는 〈식물의 변형〉, 〈색채론〉 등이 있다. 또한 괴테는 정치에도 관심이 있어 독일 바이마르 공국의 장관으로 일하기도 했다.

02강 모순과 정·반·합

case 1 다음 글을 읽고 '대립'과 '모순'의 차이점에 대해 설명하시오.

"너희가 어렸을 때부터 했던 덧셈, 뺄셈도 대립 관계라고 볼 수 있어. 과학에서도 보면 미는 힘과 잡아당기는 힘, 결합과 분리 등이 바로 대립 관계에 있는 것들이란다. 이렇게 대립되어 있는 것들이 서로 영향을 주고받고 있으면 그 대립을 '모순'이라고 하지."

열심히 듣고 있던 정신이가 물었다.

"선생님, 대립이란 말과 모순이란 말이 좀 헷갈려요."

"대립은 두 사물이 서로 마주 서 있을 수 있는데, 모순은 그럴 수 없단다. 모순은 한쪽이 서면 다른 한쪽은 무너지는 거야. 무슨 말이냐 하면, 대립은 남자와 여자를 예로 들 수 있는데, 이들은 함께 마주 있을 수 있지. 그러나 이 세상에서 모든 창을 막아 낼 수 있는 제일 강한 방패와 모든 방패를 찌를 수 있는 제일 강한 창이 서로 강하다고 주장하면 이게 바로 모순이라는 거야."

– 《헤겔이 들려주는 정신 이야기》 중에서

생각 쓰기

"네가 처음 공부방에 왔을 때와 지금이 얼마나 많이 달라졌는 줄 아니?"

"가장 중요한 변화는 네 얼굴의 표정이야. 많이 밝아졌거든."

정신이는 선생님을 향해 환하게 웃었습니다.

"너의 변화를 보면서 저번에 말한 변증법에 대해 더 깊게 이야기해 주고 싶구나."

"좋아요. 듣고 싶어요. 부정, 긍정, 부정, 긍정…… 이렇게 나아가는 것을 말씀하셨잖아요."

"그래 기억하고 있구나! 변증법에서 말하는 운동은 여러 가지 층으로 복잡하게 이루어져 있어. 그것을 정(正), 반(反), 합(合)이라는 세 개념을 이용하여 설명한단다. 정(正)은 있는 것, 반(反)은 있는 것을 반대하는 것, 합(合)은 이 둘의 종합으로 이해하면 돼."

(……)

"선생님, 선생님 말씀을 들으면서 제가 하나 생각한 게 있는데 들어 보실래요?"

선생님은 궁금하다는 듯 고개를 끄덕였다.

"이름하여 정신의 변증법이에요. 원래 정신이는 빼빼 말랐다. 그러던 어느 날 정신이는 정신없이 먹어 대면서 살이 찌기 시작했다. 살이 찌면서 정신이의 예전 모습은 사라지고 뚱뚱한 정신이가 되었다. 정신이는 살찐 자신을 부정했다. 정신이 안에서 계속 아무 노력 없이 뚱뚱하게 있으려는 정신이와 노력해서 살을 빼야겠다고 생각하는 정신이가 싸웠다. 살을 빼야겠다는 마음이 커지자 예전에는 상상할 수 없었던 정신이의 아침 운동이 시작됐고 정신이의 살은 점점 빠지게 되었다. 이제 정신이는 옛날처럼 빼빼 마르지도 않고 또 뚱뚱하지도 않은 예쁜 숙녀로 완전히 바뀌었다."

– 《헤겔이 들려주는 정신 이야기》 중에서

❶ 철수는 근육이 별로 없고 몸이 말랐는데 근육을 단련시키는 운동을 많이 해서 마침내 몸짱이 되었다.

❷ 순이는 지금 성적이 좋지 않았으나 열심히 공부한 결과 성적이 올라갔다.

❸ 진호는 감기에 걸렸으나 약을 먹고 푹 쉬어서 다시 건강해졌다.

1 모순

모순은 '어떠한 방패[盾(순)]도 뚫을 수 있는 창[矛(모)]과, 어떠한 창도 막을 수 있는 방패가 동시에 존재할 수 없다' 는 중국의 옛이야기에서 나온 말이다. 즉 서로 배척하기 때문에 함께 있을 수 없는 것을 모순이라고 부른다. 모순 관계에 있는 이 두 가지는 그 상태에 함께 있을 수 없기 때문에 거기서 벗어나려 하기 마련이다.

2 대립

사람의 입장이나 생각, 성격 그리고 사물의 성질 등이 서로 맞서는 것을 대립이라고 한다.

"〈맥베스〉는 매우 슬픈 경험을 하게 되는 왕 이야기란다. 그는 사람들이 사는 것이 아무런 의미가 없고, 사람들이 살면서 만들어 가는 일들도 아무런 가치가 없다고 생각한 인물이야. 지구 위에서 일어나는 일들은 다만 소음뿐이고, 화나고, 쓸데없는 일이 반복되는 것이라고 생각했단다. 무한한 우주에 비교하면 인간이 만드는 역사란 정말 작은 조각에 불과하고 우연한 것일 뿐이라고 생각한 거지. 아 그렇지! 생각해 보니 〈맥베스〉는 너희가 하기엔 너무 심각한 내용 같구나. 다음엔 재미있는 연극을 한번 구해 보마. 대신 오늘은 말이 나온 김에 역사와 우연에 대해서 배워 보는 게 어떻겠니?"

아이들은 자못 실망한 표정이었지만, 해결 선생님은 한 번 약속하신 건 꼭 지키시는 분이니까 좋다고 했다.

"흐음, 그럼 오늘은 역사에 대해서 제대로 한번 얘기해 볼까? 준희야, 넌 역사에 대해서 어떻게 생각하니? 맥베스 왕이 생각한 것처럼 역사란 정말 아무런 의미 없이 바람 부는 곳으로 우연히 흘러가고 있는 것일까?"

"와! 어려운 질문이다."

준희는 기가 질렸는지 더 이상 말을 하지 못했다. 그런데 오히려 막내 민태가 배시시 웃으면서 대답했다.

"에이, 그게 뭐예요! 역사가 무슨 태극기인가요? 바람에 휘날리게? 말도 안 돼요!"

"하하하. 우리 꼬맹이 민태가 제대로 알았네. 역사는 바람에 휘날려서 그냥저냥 흘러가는 게 아니란다. 정신이 절대정신을 향해 나아가듯이 역사도 목표를 향해 나아간단다."

역사에 무슨 목표가 있을까? 많은 사람들이 후대에까지 이름을 남기는 것? 아니면 전쟁이 없는 모두가 평화로운 세상을 만드는 것? 아이들의 머릿속은 이런 생각들로 가득 찼다.

"헤겔은 '세계의 역사란 자유에 대한 생각을 점점 발전시켜 가는 것'이라고 정말 놀라운 생각을 했단다. 매우 멋진 말이지 않니? 헤겔이 과거에서부터 현재에 이르기까지의 역사를 살폈더니 인간은 점점 더 많은 자유를 누리게 되었더라는 거지."

"그렇구나. 하긴 제 경우를 봐도 어렸을 때보다 지금이 더 자유로운 것 같아요. 물론 어른이 되면 지금보다 더 자유롭겠지요? 또 조선 시대보다는 지금이 더 자유로운 것 같고요. 그럼 헤겔의 말은, 역사가 자유를 향해 계속해서 앞으로 나아간다는 얘기이지요?"

- 《헤겔이 들려주는 정신 이야기》 중에서

생각 쓰기

주 요 개 념 및 배 경 지 식

1 역사

역사는 보통 인간이 사회를 이루고 문화를 발전시키면서 지나온 과정과 자연현상이 변해 온 과정을 일컫는다. 그래서 한민족의 역사, 유럽 중세의 역사, 동식물의 역사, 지구의 역사란 말을 한다. 헤겔이 말하는 역사에도 이런 의미들이 포함된다. 그러나 헤겔은 이런 모든 역사에는 목표가 있다고 보았다. 그 목표란 자유의 실현이다.

2 우연

우연이란 어떤 일이 특정한 원인이나 까닭 없이 이루어지는 것을 말한다. 우연의 반대말은 필연이다.

아비투어 철학 논술

예시 답안

① 헤겔은 독일의 슈투트가르트에서 태어났다.

② 헤겔은 튀빙겐 신학교를 다녔다.

③ 학창 시절에 헤겔은 그리스 비극 작품을 즐겨 읽었고 프랑스대혁명에 환호했다.

④ 헤겔이 프랑스대혁명을 환영한 것은 그것이 세계를 변화시키는 대사건이라고 보았기 때문이다.

⑤ 헤겔의 《정신현상학》은 독일에서 새로운 철학의 시작을 알리는 대작이다.

⑥ 베를린 대학의 철학 교수가 된 헤겔은 독일 최고의 철학자로 인정받았다.

⑦ 헤겔은 콜레라에 걸려 죽었다.

⑧ 헤겔의 철학은 19세기 유럽의 역사주의 발전에 선구 역할을 했다.

⑨ 사회주의혁명의 밑거름이 된 마르크스 사상은 헤겔 철학에서 아주 큰 영향을 받았다.

주 제 탐 구 **01**강 정신은 무엇일까요?

case 1   정신은 우리 몸 안에 있지만 우리 몸과는 다른 것, 우리 눈에는 보이지 않는 무엇이다. 정신은 아마 우리로 하여금 생각하고 느끼게 하는 무엇일 것이다. 그런데 헤겔은 이 정신이 자유로운 것이라고 말했다. 헤겔과 같은 시대 사람이었던 괴테는 '정신은 몸속에 있지만, 정신의 활동은 몸이라는 틀을 벗어나 마음대로 날아다닌다'고 했다. 헤겔도 이와 비슷하게 생각했다. 이렇게 본다면 정신은 엄청난 능력이다. 정신은 시간과 공간을 넘어서 어디든 갈 수 있고 무엇이든 생각할 수 있기 때문이다.

즉 정신은 과거와 미래의 일을 생각해 볼 수 있고, 또 눈에 보이지 않는 먼 우주에 관해서도 많은 것을 생각할 수 있다. 더 나아가 정신은 자기 자신, 즉 정신이 무엇인지도 알려고 한다. 모든 것을 알고 싶어 하는 정신은 자기 자신이 무엇인지도 알고 싶어 한다는 것이다. 다시 말해 정신은 자기 자신을 알려고 하는 욕구를 가진다. 그런데 우리가 무엇인가를 알려고 할 때는 언제나 두 가지가 있어야 한다.

다시 말해 알려고 하는 우리와 우리가 알려고 하는 무엇이 있어야 한다. 그와 마찬가지로 정신이 자기 자신을 알려고 할 때도 두 가지가 있게 된다. '알려고 하는 정신'과 그 정신에 대해 '알려지는 정신'이다. 그래서 헤겔은 정신에 관해서 말할 때 이 두 가지를 구분했다.

주 제 탐 구 **02**강 모순과 정·반·합

case 1 우리는 서로 반대되는 성격을 갖고 있는 사물을 대립 관계에 있다고 말한다. 예를 들어 덧셈과 뺄셈, 끄는 힘과 잡아당기는 힘, 결합과 분리, 창과 방패는 모두 대립 관계에 있다. 그런데 대립되는 두 가지가 서로 만나 관계를 맺지 않으면 아무 문제도 발생하지 않는다. 예를 들어 덧셈은 덧셈이고 뺄셈은 뺄셈일 뿐이며, 잡아당기는 힘은 잡아당기는 힘이요, 끄는 힘은 끄는 힘일 뿐이다. 하지만 대립되는 두 가지가 만나 영향을 주고받게 되면 문제가 생긴다. 즉 두 가지는 서로 반대되는 성격을 갖고 있기 때문에 각자 상대방의 힘을 약화시키려 한다. 분리된 것을 연결시키려는 결합의 힘과 연결된 것을 나누려는 분리의 힘이 만난다고 생각해 보자. 결합의 힘과 분리의 힘 모두 각자의 성격을 버릴 수가 없다.

예를 들어 결합의 힘이 결합하는 성격을 잃는다면 더 이상 결합의 힘이 아니게 될 것이며, 이는 분리의 힘도 마찬가지이다. 또 창과 방패는 서로 대립하는 성격의 것으로서 각자 있으면 아무 문제가 되지 않는다. 하지만 둘이 만나면, 세상의 모든 것을 뚫을 수 있는 창은 창인 이상 찌르고 뚫어야 하며, 모든 창을 막을 수 있는 방패는 방패인 이상 창을 막아야 한다. 따라서 이 두 가지가 만나 서로 영향을 준다는 것은 사이좋게 지내는 것과는 다르다. 각자는 자신의 힘을 유지할 수밖에 없는데, 그 힘이란 것이 서로 상반되는 성격을 갖기 때문에 둘은 다투게 된다. 이런 다툼을 모순이라고 한다.

이처럼 서로 반대되는 두 가지 것을 생각할 때 우리는 그 두 가지가 대립 관계에 있다고 말한다. 그리고 이 두 가지가 함께 작용하고 영향을 주고받는 상황을 생각할 때, 우리는 이 두 가지가 모순 관계에 있다고 말한다.

case 2 헤겔은 이 세상 모든 사물과 생명체에는 자신을 긍정하는 힘과 부정하는 힘이 함께 작용한다고 말한다. 여기서 긍정하는 힘을 '정'이라 하면 부정하는 힘은 '반'이다. 예를 들어 몸이 뚱뚱한 정선이가 그 상태를 긍정하고 그냥 유지하려 하는 것은 '정'이다. 반면 정선이가 뚱뚱한 몸에 불만을 느끼고 그 상태를 바꾸려는 운동을 한다면 이는 '반'이다. 이러한 반의 결과로 원래의 '정'의 상태는 달라진다. 즉 정신이는 날씬한 숙녀로 바뀐다. 이렇게 바뀐 상태가 '합' 이다. 헤겔은 이처럼 정이 반의 영향을 받아 합으로 변하는 것, 간단히 말해서 정, 반, 합의 운동을 변증법이라고 부른다.

  헤겔에 따르면, 이 세상 모든 사물과 생명체에는 정과 반의 힘이 작용해 결국 세상 모든 사물과 생명체는 변증법적인 운동을 한다. ①, ②, ③의 내용을 잘 생각해 보면 모두 정, 반, 합의 운동을 포함하고 있다. 이를 표시해 보면 다음과 같다.

  ① 철수는 근육이 별로 없고 몸이 말랐다. (정)

     철수는 근육을 단련시키는 운동을 많이 했다. (반)

     철수는 몸짱이 되었다. (합)

  ② 순이는 성적이 좋지 않았다. (정)

     순이는 열심히 공부했다. (반)

     순이는 성적이 올라갔다. (합)

  ③ 진호는 감기에 걸렸다. (정)

     진호는 약을 먹고 푹 쉬었다. (반)

     진호는 다시 몸이 건강해졌다. (합)

case 1 헤겔은 정신이 끝없이 무엇인가를 알려 한다고 말했다. 정신의 목표는 세상의 모든 것을 다 아는 것이며, 세상의 모든 것을 알아서 완전하게 된 정신을 헤겔은 '절대정신'이라고 불렀다. 또한 헤겔은 역사와 정신을 같다고 보았다. 역사는 수많은 사건들이 우연하게 연속적으로 일어나는 과정이 아니라, 어떤 완전한 것을 추구하면서 진행되고 있는 것이다. 우리가 보기에는 세상 모든 일이 우연하게 일어나는 것 같지만, 헤겔은 그렇지 않다고 말한다. 헤겔에 따르면, 우리는 역사에도 변증법의 원리를 적용한다. 앞에서 우리는 세상 모든 것이 변증법적 운동을 한다고 말했다. 그런데 잘 생각해 보면, 세상 모든 것이 변화하고 발전하는 과정이 바로 역사이다. 따라서 역사는 변증법적 운동을 하고 있다고 말할 수 있다.

다시 말해 역사란 정반합의 과정을 거치면서 더 나은 단계로 나아가는 과정이다. 그렇다면 역사의 최종 목표는 무엇일까? 정신이 절대정신이 되기를 추구하듯, 역사는 인간의 완전한 자유를 추구한다고 헤겔은 말한다.

역사가 지향하는 목표는 자유이다. 물론 우리가 사는 세상은 완전히 자유롭지는 못하다. 하지만 과거에 비해 자유롭게 살고 있다는 것은 분명한 사실이다. 헤겔에 따르면 우리 인간은 변증법적 역사 과정을 거치면서 언젠가 완전한 자유에 도달하게 될 것이다.

Abitur

철학자가 들려주는 철학이야기 015

그람시가 들려주는 헤게모니 이야기

저자_박민수

연세대학교 독문과를 졸업하고 동 대학원에서 석사 학위를 받았다. 지금은
독일 베를린 자유대학에서 '근대 미학에서 미적 가상의 개념'이란 주제로
박사 논문을 준비하고 있다. 전문 번역가로도 일하고 있으며, 그동안 번역한
책으로는 《우리의 포스트모던적 모던》, 《데리다-니체, 니체-데리다》, 《신의
독약》, 《책벌레》, 《크라바트》 등이 있다.

그람시

Antonio Gramsci

그람시는 누구일까?
다음 글을 읽고 그람시는 어떤 사람이었는지 요약하시오.

안토니오 그람시(1891~1937)는 이탈리아의 정치가이자 사상가로, 이탈리아 서쪽의 큰 섬인 사르데냐의 알레스란 마을에서 태어났다. 당시 사르데냐는 가난에 찌든 농촌 사회였지만, 그람시는 비교적 여유 있는 집안에서 태어났다. 그람시의 아버지는 시골 공무원이었고 어머니도 당시 농촌 사회에서는 드물게 글을 읽고 쓸 줄 아는 교양 있는 여자였다. 그러나 그람시는 네 살 때 불의의 사고를 당해 평생 장애인으로 지내야 했다. 더욱이 1897년 아버지가 갑작스레 해고되고 투옥되는 바람에 그람시는 가난에 허덕이는 어린 시절을 보냈다. 그람시는 가족의 생계를 돕기 위해 한동안 학업을 중단하기도 하면서 간신히 고등학교를 마쳤다. 그리고 1911년 가난한 학생들에게 주는 장학금을 어렵사리 받고 대학에 진학했다. 그람시가 대학을 다닌 곳은 이탈리아 북부의 공업 도시 토리노였다. 그람시는 1914년 사회당에 가입했으며 1915년 대학을 중퇴하고 〈신질서〉라는 신문 발간에 주력했다. 1921년 그람시는 이탈리아 공산당을 창당했고 사회주의 국가인 소련으로 가서 2년을 지냈다. 다시 이탈리아로 돌아온 그람시는 공산당 간부로 활동했다. 하지만 1922년 권력을 장악한 파시즘 정권에 의해 공산당은 불법 단체로 규정되었고, 그람시는 체포되어 20년형을 선고받았다. 그람시는 앙드레 말로를 비롯한 당대 유럽 최고의 지성인들의 항의와 탄원으로 11년 만인 1933년에 풀려났으나, 감옥에서 얻은 병이 악화돼 46세의 나이로 사망했다. 11년간 감옥에 갇혀 있는 동안 그람시는 자신의 사상을 노트에 기록했는데, 그가 죽은 후에 이 노트가 《옥중수고》로 출간되었다. 《옥중수고》는 이탈리아의 역사, 교육, 문화, 철학, 지식인의 역할, 국가 이론, 여성의 지위, 종교 문제 등 아주 다양한 주제를 다루고 있다.

주요 개념 및 배경 지식

1 파시즘

파시즘은 이탈리아어인 파쇼(fascio)에서 나온 말로 1919년 이탈리아 무솔리니가 파시스타당을 조직하면서 무솔리니의 정치주의를 지침하게 된다. 일반적으로는 당시 이탈리아의 파시즘과 독일의 나치즘, 일본의 군국주의처럼 국수주의적이고 권위주의적·반공적 전체주의를 의미한다.

2 앙드레 말로

앙드레 말로(1901~1976)는 프랑스의 소설가이자 정치가이다. 말로는 동아시아 지역을 여행하면서 서구 열강의 식민주의가 가져온 나쁜 결과들을 목격했다. 그리하여 식민주의에 반대하는 데 앞장섰고 세상을 변화시키는 데에도 큰 관심을 가졌다. 제 2차 세계대전이 일어나 프랑스가 독일에 점령되자 레지스탕스(저항) 운동에 가담했다. 말로는 1958년 드골이 프랑스 대통령으로 당선된 뒤 10년간 문화부 장관으로 일했다. 말로의 대표적인 작품으로는 《왕도》《인간의 조건》《희망》이 있다.

01강 가난한 사람과 부유한 사람

> **case 1** 그람시는 이탈리아의 '남부 문제'에 관해 깊이 생각하고 이 문제를 해결하려 했다. 그람시가 말하는 '남부 문제'가 무엇인지 다음 글을 읽고 이에 대해 설명하시오.

"그럼 먼저 남부 문제부터 얘기하도록 할까? 이탈리아의 남부 지역은 전통적인 농촌이었어. 농업이 중심이고, 가족의 질서가 중시되며, 가난한 농민들이 대부분이었지. 반면 북부 지역은 19세기 말부터 산업 시설이 들어서기 시작했지. 기업가, 노동자, 사무직, 공무원 등 다양한 사람들이 살았단다. 그래서 경제적으로도 발전했고 교육, 문화 등 여러 면에서 남부에 비해 다양한 혜택을 많이 받았지."

(……)

"문화와 전통이 많이 달랐던 이탈리아의 남부와 북부는 결국 지역 갈등으로 나타났지. 그런데 한번 생각해 봐. 한 나라 안에서 서로 사이좋게 지내는 거랑 싸우는 거랑 어느 것이 더 나라 발전에 도움이 될까?"

"그야 당연히 사이좋게 지내는 거지. 우리 반 애들도 매일 싸우지만 체육

대회나 합창 대회 땐 하나가 되어 상도 타고 그러는걸."

"역시 그렇지? 그런데 그람시가 살았던 때의 이탈리아는 그러지 못했거든. 남과 북이 너무 심각할 정도로 갈등을 겪었으니까. 이걸 그람시는 남부 문제라고 한 거야."

"아하, 부자인 북부와 가난한 남부가 서로 사이가 안 좋은 걸 남부 문제라고 한 거구나."

– 《그람시가 들려주는 헤게모니 이야기》 중에서

생각 쓰기

다음은 해루라는 소년에 관한 이야기이다. 일반적으로 해루와 같은 소년은 어른이 되어도 가난에서 벗어나기가 쉽지 않다고 한다. 다음 글을 읽고 그 이유에 대해 설명하시오.

소년의 이름은 해루입니다. 5학년인 해루는 전학을 네 번이나 했습니다. 그동안 이사는 몇 번이나 했는지 벌써 잊어 버렸습니다. 처음 살았던 동네가 어딘지는 기억도 나지 않습니다. 잊어 버려서가 아니라 살았던 동네가 모두 너무 비슷비슷해서 헷갈리는 것인지도 모르겠네요.

오르고 올라도 끝이 보이지 않던 계단.

계단 옆으로 다닥다닥 붙어 있던 지붕이 낮은 판잣집들.

아침마다 줄이 길게 늘어서 있던 공중 화장실.

너무 깊숙이 들어서면 길을 잃어버리기 십상인, 동네에서 가장 오래 산 할아버지도 언제 생겼는지 알 수 없다던 구불구불한 골목.

죽을 때까지 따라다닐 것만 같은, 무어라 말할 수 없는, 단지 더럽다고밖에, 아니 더러운 것 이상의 무언가가 섞여 있는, 오래되고 찌든 냄새.

그런 동네에서만 살았거든요. 그래서일까요? 열두 살 해루는 5학년이 되면서 이사 온 이 동네가 마음에 듭니다. 사는 집이 좋아진 것도 아니고, 친구들이 마음에 들어서도 아닙니다. 단지 이 동네가 언덕을 올라가지 않아도 되는 평지였기 때문이지요. 게다가 아주 가까이 있는 것은 아니지만 걸어서 갈 수 있는 거리에 강이 있습니다.

강은 넓지 않았지만 깨끗하고, 냄새도 나지 않습니다. 어른들은 모두 좋은 옷을 입고 조깅을 하거나 자전거를 탑니다. 아이들은 보호 모자를 쓰고 인라인스케이트를 배웁니다. 그러나 이들은 모두 강 너머 사람들입니다. 멀리서 바라보기만 할 뿐인데도 그들에게선 한 번도 맡아 보지 못한 좋은 냄새가 나는 것 같습니다.

해루가 사는 강 아래 동네에서는 아무도 강가에 나와 조깅을 하지 않습니다. 저녁이면 아이들은 부모가 돌아오는 시간까지 동네 골목에서 뛰어놀고, 밤이면 모두 멍한 얼굴로 텔레비전을 보다 쓰러져 잠이 듭니다. 학원에 안 가도 되냐고요? 학원에 다닐 돈이 없거든요.

(……)

아, 해루가 강가를 떠나는군요. 따라가 볼까요? 주머니에 손을 찌른 채 천천히 걷고 있습니다. 집으로 돌아가는 길이지만 해루의 발걸음은 좀처럼 빨라지지 않네요. 어차피 이 시간에는 집에 아무도 없거든요. 밤 10시는 넘어야 형이 오고, 엄마는 새벽 2시쯤 돌아옵니다.

형은 버스로 한 시간 정도 걸리는 도시 외곽에 있는 공장에서 일을 합니다. 2년 전까지만 해도 아빠와 함께 일했지만 지금은 형 혼자만 다닙니다.

(……)

해루는 아빠를 생각할 때마다 커다란 바윗덩어리가 가슴속에 들어앉은 것 같은 기분이 든대요. 해루의 아빠는 2년 전에 일하던 공장에서 오른쪽 손목이 잘렸습니다. 수술을 하고 퇴원을 했는데 뭐가 잘못됐는지 자꾸 썩어 들어가서 결국에는 오른팔을 다 잘라 내야 했답니다.

- 《그람시가 들려주는 헤게모니 이야기》 중에서

생각 쓰기

----

case **3** 한 사회에서 소수의 사람들만 부유하고 나머지 사람들은 오랫동안 극심한 가난에 시달린다면 어떤 일이 생길까? 여러분이 알고 있는 역사적 사실을 예로 들어 설명하시오.

생각 쓰기

지역 갈등

지역 갈등이란 한 나라 안에서 특정한 두 지역 사람들이 경제적인 이유나 역사적인 이유 또는 민족적인 이유 때문에 서로 충돌하는 것을 말한다. 예를 들어 우리나라의 경우에는 호남 지역 사람들과 영남 지역 사람들 사이에 역사적 이유와 경제적 이유로 인한 갈등이 있어 왔다. 이런 사례는 다른 나라에서도 찾아볼 수 있다. 그람시가 살았던 시대의 이탈리아에도 그런 문제가 있었다. 또 스페인의 경우, 북부에 사는 바스크계 국민과 여타 지역의 스페인계 국민 사이에는 역사적 · 경제적 · 민족적인 문제로 갈등이 벌어지고 있다.

02강 현명한 지배

case 1 '당근과 채찍'은 현명한 지배나 통제를 일컫는 말이다. 다음 글을 참고해서 이 말의 의미를 설명하고, 여러분이 일상생활에서 경험할 수 있는 '당근과 채찍'의 사례에는 어떤 것이 있는지 설명하시오.

"근데 당근이랑 채찍이랑 무슨 상관이 있나요?"

"말을 길들이는 것에 비유해 볼까? 말을 빨리 달리게 하려면 채찍이 필요하지. 그러나 매일 채찍만 휘두른다면 어떻게 될까?"

"주인을 발로 뻥 차 버릴 것 같아요."

(……)

"그래서 채찍과 당근이 함께 필요한 거란다. 채찍은 강제고, 당근은 동의라고 할 수 있지. 말을 잘 길들이려면 채찍만 있어서도 안 되고, 당근만 주어서도 안 되잖아? 채찍만 휘두르면 반항하기만 할 거고, 당근만 주면 주인을 무서워하지 않고 주인 말을 안 들을 테니까."

— 《그람시가 들려주는 헤게모니 이야기》 중에서

생각 쓰기

"해루야, 헨리 포드라는 이름 들어 봤니?"

"헨리 포드? 아니. 누군데?"

"자동차의 왕이라고 불리는 미국 사람이야. 포드 자동차 회사는 1910년 대 초반까지만 해도 미국의 자동차 시장에서 3위 정도였어. 그런데 1913년 에 헨리 포드가 새로운 생산 방식을 도입하면서 1위로 올라서게 되었지."

"우아, 대단하다! 어떤 방법을 썼는데?"

"컨베이어시스템이라는 건데 물건을 올려놓고 이동시키는 컨베이어벨트 를 이용해서, 말하자면 굉장히 크고 넓은 허리띠 같은 게 움직여서, 사람들 이 더 빠르고 쉽게 일할 수 있게 된 거야."

"으음."

"디트로이트 공장에 만들어진 컨베이어시스템은 43개의 생산 라인으로 구성되어 있어."

"자동차는 크고 복잡하니까 한 사람이 만들어 낼 수 없잖아."

"그렇지. 자동차를 만들려면 많은 사람들이 필요하고 각기 다른 일을 맡아서 그것만 하면 되거든. 그래서 하나의 라인을 통과할 때마다 자동차는 점점 모습을 갖춰 가게 되고 마지막 라인을 통과하면 완성된 자동차가 나오는 거야."

"그럼 사람들은 자기 자리에만 있으면 되겠네? 자동차가 돌면 되니까."

"바로 그거야. 이 시스템이 도입되기 전에는 자동차를 한 대 조립하는 데 걸리는 시간이 12시간 30분이었대. 그런데 컨베이어시스템을 도입한 후에는 1시간 33분 만에 뚝딱 완성!"

"어어, 그렇게 빨리?"

"하하, 굉장하지? 그러니까 엄청 많은 자동차를 엄청 빠른 시간 안에 만들 수 있게 된 거야. 이렇게 많이 만들어 내는 걸 대량생산이라고 해. 대량생산은 포디즘의 가장 큰 특징이고."

"물건이 많으면 값은 싸지잖아. 엄마가 일하는 마트에도 잔뜩 쌓아 놓은 것들은 하나 더 주기도 하면서 값도 싼걸."

"그렇지. 사는 사람에겐 분명 이익이지. 그렇다고 자동차를 하나 더 끼워서 팔진 않겠지만."

"음, 물건이 많으면 가격이 떨어지니까 사는 사람은 싸게 사서 좋고, 사람들이 많이 사면 그만큼 많이 팔리니까 만드는 사람도 좋고, 뭐 그런 거야?"

"맞아. 포드가 도입한 또 하나의 새로운 방식은 많은 월급을 주는 거였어. 다른 자동차 회사에 비해 5배나 많이 주었대."

(……)

"굉장하다!"

"다른 회사에 비해 자동차가 쌌기 때문에 포드 자동차는 불티나게 팔렸지. 대량생산을 하면서 자동차 가격을 떨어뜨릴 수 있었거든. 결국 포드 자동차는 1위를 했단다."

"그럼 포디즘은 좋은 거네? 많이 만들어서 물건을 싸게 만들고, 물건이 많이 팔려서 일하는 사람들의 월급도 올라가고."

(……)

"해루야, 지금부터 형이 하는 말 잘 들어 봐. 포디즘은 결코 좋은 것만은 아니란다."

"왜? 물건도 많고, 값도 싸고, 돈도 많이 버는데."

"물론 처음엔 좋았지. 노동자가 높은 임금을 받으니 소득이 높아져서 저축과 소비도 높아지고 기업이 생산 활동을 활발히 할 수 있었단다."

(……)

"근데 뭐가 문제였는데?"

"포디즘 이후로 노동자들은 뱅뱅 돌아가는 컨베이어 벨트 앞에 앉아서 부품 조립만 하는 단순 노동을 하게 되었어. 고급 숙련 노동이 필요 없게 된 거야."

"복잡하지 않고 단순하면 좋은 거 아냐? 계속 똑같은 일만 하면 되잖아."

(……)

"그렇게 생각할 수도 있지만 매일매일 기계처럼 같은 일만 반복한다고 생각해 봐. 나사를 조이는 사람은 하루 종일 나사만 조이고, 구멍을 뚫는 사람은 하루 종일 구멍만 뚫는 거야. 몇 천 번, 몇 억 번씩 같은 일을 하루, 한 달, 일 년, 반복하고 또 반복하는 거지. 해루도 다른 건 하나도 안 하고 하루 종일 수학 문제만 풀어야 한다면 어떡할래?"

"으악, 그건 싫어. 분명히 수학이 꼴도 보기 싫어질 거야."

"그렇겠지? 같은 일만 반복하면 노동에 대한 관심과 애정을 잃고 쉽게 피곤해지거든. 그람시는 이렇게 훈련된 단순 노동자를 원숭이라고 했어."

"원숭이?"

"응. 자기 생각 없이 시키는 것만 하는 훈련된 원숭이."

"음."

– 《그람시가 들려주는 헤게모니 이야기》 중에서

문제

① 포디즘은 포드 자동차 회사의 사장인 헨리 포드가 도입한 새로운 생산 방식을 말한다. 포디즘의 핵심적인 특징 두 가지는 무엇인가?

② 컨베이어시스템이 어떤 것인지 간단히 설명해 보시오.

③ 포드 자동차 회사에서 이런 컨베이어시스템을 사용하자 어떤 결과가

생겼는가?

④ 자동차 한 대를 조립하는 데 걸리는 시간이 짧아지면 회사로서는 어떤 이익이 생기는가?

⑤ 컨베이어시스템으로 자동차를 대량생산할 수 있게 되자 포드 자동차 회사에는 어떤 변화가 생겼는가?

⑥ 노동자의 임금을 올려준 것은 기업에 어떤 도움이 되었는가?

⑦ 포디즘에 의해 도입된 컨베이어시스템의 단점은 무엇인가?

⑧ 그람시가 단순 노동자를 원숭이라고 부른 까닭은 무엇일지 한번 생각해 보시오.

1 헨리 포드

헨리 포드(1863~1947)는 포드 자동차 회사를 설립한 미국의 기업가이
다. 포드는 대량생산과 컨베이어시스템이라는 혁신적 생산 방식을 도입
해서 미국의 자동차 산업을 비약적으로 발전시켰을 뿐만 아니라 미국을
거대한 산업 국가로 변모시켰다. 그는 기업가로 성공한 후 1918년 상원
의원 선거에 출마하기도 했으나 낙방했으며, 한때 대통령 출마를 생각하
기도 했다. 저서로는《나의 산업 철학》《오늘과 내일》이 있다.

2 단순 노동

특별한 훈련을 받지 않고서도 보통 사람이라면 누구든지 할 수 있는
일을 단순 노동이라고 한다. 예를 들어 공장 창고에 상자를 쌓는 일이나
바닥을 청소하는 일을 하기 위해서는 특별한 훈련을 통해 기술을 배워야
할 필요가 없다. 이런 일은 건강한 사람이라면 누구나 할 수 있는 단순한
것이며, 그래서 단순 노동이라고 부른다.

3 숙련 노동

숙련 노동은 숙련되어야 할 수 있는 일, 즉 오랫동안 교육을 받거나 연습을 하거나 경험을 쌓아야 할 수 있는 일을 말한다. 예를 들어 도자기를 굽기 위해서는 장기간의 경험과 연습, 훈련이 있어야 한다. 따라서 도자기를 굽는 것은 숙련 노동이다. 또 대장장이가 쇠붙이 도구들을 만드는 것도 숙련 노동이다. 쇠붙이 도구를 만들기 위해서는 쇠를 적당한 온도에서 달구고 망치질을 정확히 하고 또 제때 물에 담가야 하기 때문이다.

아비투어
철학 논술

예시답안

① 그람시는 이탈리아의 정치가이자 사상가로 이탈리아 서부 큰 섬의 농촌에서 태어났다.

② 그람시는 네 살 때 사고를 당해 평생 장애인으로 살아야 했다.

③ 어린 시절 아버지가 해고되고 투옥되는 바람에 그람시의 가족은 어렵게 살았다.

④ 그람시는 고등학교를 어렵사리 졸업하고 장학금을 받아 북부 공업 도시에서 대학을 다니게 되었다.

⑤ 대학생이 된 그람시는 사회당에 가입했으며 곧 대학을 중퇴하고 〈신질서〉라는 신문 발간에 주력했다.

⑥ 그람시는 이탈리아에서 공산당을 창당하고 소련으로 가서 2년을 보냈다.

⑦ 이탈리아로 돌아온 그람시는 공산당 간부가 되었으나 파시즘 정권에 의해 구속되었다.

⑧ 그람시는 감옥에 갇혔으나 당대 유럽 지식인들의 항의와 탄원으로 11년 만에 석방되었다.

⑨ 그람시는 감옥에서 얻은 병 때문에 46세의 나이로 죽었다.

⑩ 그람시는 감옥에서 《옥중수고》를 썼는데, 이 책은 그람시가 죽은 후에 출간되었다.

⑪ 《옥중수고》는 아주 다양한 주제를 다루고 있는 책이다.

case 1 그람시가 살았던 당시에 이탈리아는 남부 지역과 북부 지역이 여러 점에서 차이를 보이고 있었다. 당시 남부 지역의 주민은 가난한 농민이 대부분이었고 교육이나 문화적인 혜택은 꿈도 꿀 수 없는 상황이었다. 대다수 농민은 먹고사는 것조차 힘들었기 때문에 자식을 제대로 교육시킨다거나 문화생활을 한다는 것은 불가능한 일이었다.

반면에 북부 지역은 일찍부터 공업화가 이루어진 지역으로 도시가 발달되어 있었다. 이 지역에는 가난한 농민과 소수의 대지주가 사는 것이 아니라 기업가와 노동자, 사무직원, 공무원 등 아주 다양한 계층의 사람들이 살았다. 그리고 공업화된 도시 지역이 그렇듯이 이곳 역시 교육 기관과 문화 시설이 많아서 가난한 사람들도 약간이나마 혜택을 볼 수 있었다.

북부와 남부가 이렇게 큰 차이를 나타내다 보니 두 지역 사이에서 갈등이 커지기 시작했다. 단순히 사는 곳이 다르다는 문제가 아니라 잘살고 못살고의 문제였기 때문이다. 그리고 한 나라의 국민들이 이렇게 양분되어 갈등을 보이는 것은 그 나라로서는 큰 문제가 아닐 수 없었다.

그람시는 이러한 문제, 즉 이탈리아 남부와 북부 사이의 경제적·문화적 차이와 그로 인한 갈등을 심각한 문제라 보고 이를 해결하려 했다. 그리고 이 문제를 '남부 문제'라고 불렀다.

case 2 우리 사회에서는 교육을 잘 받아야 좋은 직장을 구하고 경제적으로 쪼들리지 않은 생활을 할 수 있다는 것이 일반론이다. 즉 대학을 나와야만 대기업 같은 곳에 취직하고 많은 월급을 받을 수 있는 것이다. 그런데 대학에 들어가려면 학교 공부도 어느 정도 해야 하고 등록금도 낼 수 있어야 한다. 그런데 해루가 사는 모습을 보면 그러기에 유리한 상황이 전혀 아니다.

먼저 해루는 5학년이 될 때까지 전학을 네 번이나 했다고 한다. 학교에서 친구도 사귀고 선생님과도 가까워지면서 차분히 공부하기가 어려운 상황이다. 학교를 자주 옮기는 것은 학교생활에 대한 적응을 어렵게 한다.

그리고 요즘 아이들은 학교 공부가 끝나면 과외 공부를 하거나 학원에 나가는 것이 보통이다. 그런데 해루는 집이 가난해서 과외나 학원은 꿈도 꾸지 못한다. 물론 과외 공부를 하고 학원에 다닌다고 해서 반드시 공부를 더 잘하게 되는 것은 아니다. 하지만 열심히 하는 학생들에게는 공부를 더 잘할 수 있는 기회가 될 것이다. 그런데 해루는 그런 기회조차 갖지 못한다.

다음으로 해루에게는 집에 돌아가도 자상히 돌봐 주는 어머니가 계시지 않다. 어머니는 돈을 벌기 위해 일을 나가야 하기 때문이다. 집에 와서 어머니의 자상한 보살핌을 받고 때로는 야단도 맞으면서 생활하는 아이들에 비해서 해루와 같은 아이는 공부를 소홀히 할 가능성이 크다. 집에 오면 아무도 없어서 심심하고 우울한 기분이 될 테니 공부할 마음도 잘 생기지 않을 것이다.

물론 가난한 집의 아이들이 모두 공부를 게을리한다는 것은 아니다. 그런 아이들 중에는 모든 어려움을 꿋꿋이 참고 공부도 열심히 하는 아이들이 적지 않다. 하지만 이런 아이들은 가난 때문에 언젠가 학업을 중단해야 할지도 모른다.

그리고 해루와 같이 가난한 아이들은 영양이 풍부한 좋은 음식을 자주 먹지 못한다. 그 때문에 어른이 되어서도 건강하지 못한 경우가 있다. 건강하지 못해서 힘든 일을 하기 어려우면 역시 돈을 벌기도 어려울 것이다.

case 3 한 사회에서 소수의 사람들만 풍요롭게 살고 나머지 사람들은 극심한 가난에 시달리는 상황이 오래 지속된다면 아주 큰 문제가 생길 것이다. 가난한 사람들이 더 이상 참지 못하는 때가 언젠가는 올 것이기 때문이다.

역사책을 보면 실제로 그런 사건들이 적지 않았다. 예를 들어 조선 시대에는 농촌 지역을 중심으로 백성들의 반란이 일어나곤 했다. 당시 백성은 대부분 농촌에 사는 농민들이었다. 그런데 지방의 양반 관리들이 백성에게 돌아가야 할 식량을 빼돌리거나 재산을 빼앗는 식으로 부를 독차지하는 일이 흔히 있었다. 백성들은 관리들이 가진 권력이 무서워서 함부로 저항할 수도 없었다. 하지만 그런 상황이 장기간 지속되고 많은 사람들이 굶어 죽는 지경에 이르자 백성들은 힘을 합쳐 들고일어났다. 그것이 역사책에 나오는 민란이다. 또 20세기 초에 러시아에서는 가난한 노동자와 농민들이 힘을 합쳐 황제와 귀족을 자리에서 몰아낸 사건이 있었다. 대표적인 예가 1917년 러시아 전체정치체제인 차르를 붕괴 시킨 볼세비키혁명이다. 이 역사적 사건은 러시아 노동자와 농민의 오랜 가난이 불러온 결과였다.

이처럼 한 사회에서 소수의 사람들이 부를 움켜쥐고 있는 상황이 오래 계속되면 가난한 사람들이 힘을 합쳐서 사회를 변화시키려 하는 일이 생긴다.

case 1 말을 길들일 때는 채찍만 휘둘러서는 곤란하고, 그렇다고 해서 당근만 주는 것도 바람직하지 않다. 채찍만 휘두르면 말은 무서워서 당장은 순종하겠지만 주인에 대한 미움이 커질 것이다. 그리고 언젠가 미움이 쌓여서 기회가 오면 주인을 해치려 할지 모른다. 반대로 당근을 주면서 달래기만 한다면 말은 주인을 쉽게 여기고 제멋대로 하려 할 것이다. 그래서 채찍과 당근을 적절히 섞는 것이 말을 길들이는 데 좋은 방법이다.

말을 길들이는 이런 방법에 비유해서 두려움과 고마움 또는 기쁨을 동시에 느끼게 하여 상대방을 길들이는 방법을 두고 '당근과 채찍'이라 부른다. 즉 순종을 하면 보상이 따르지만 순종하지 않으면 벌이 따른다는 점을 명심하게 해서 순종토록 하는 것이 '당근과 채찍'인 것이다.

이런 방법은 사람들의 사회에서도 흔히 사용된다. 예를 들어 학교에 가면 선생님들이 이런 방법을 잘 쓴다. 잘못을 저지른 학생은 호되게 야단치고 착한 일을 한 학생은 칭찬해 주거나 상을 주는 것이 '당근과 채찍'이다. 가정에서도 부모님이 자식을 키울 때 이런 방법을 자주 쓴다. 또 군대나 직장에서 실수를 저지른 부하에게 책임을 묻고 공적이 있는 부하나 직원에게 상을 주는 것 역시 '당근과 채찍'의 방법이다. 이런 방법을 쓰면 부하나 직원은 가능한 한 실수를 피하고 공적을 쌓고 싶어 할 것이다.

case 2 ① 포디즘의 첫 번째 특징은 컨베이어벨트 시스템을 도입해서 대량생산을 했다는 점이고, 두 번째 특징은 노동자의 임금을 많이 높여 주었다는 점이다.

② 컨베이어시스템에는 무엇보다 컨베이어벨트가 있다. 아주 길고 넓은 허리띠 같은 것이 공장 안에서 움직이는데, 이것이 컨베이어벨트다. 사람들은 이 컨베이어벨트 근처에 서서 자기가 맡은 일만 처리한다. 즉 벨트를 따라 자신에게 다가온 기계 장치에 자신이 맡은 부품을 박는 것이다. 그런 식으로 조금씩 완성되어가는 자동차가 벨트를 따라 움직이게 된다.

③ 컨베이어시스템으로 인해 자동차가 조립되는 속도가 아주 빨라졌다. 그전에는 자동차 한 대를 조립하는 데 12시간이 넘게 걸렸으나 컨베이어시스템을 도입하자 1시간 33분 만에 완성할 수 있었다.

④ 공장에서는 일한 시간에 따라서 노동자에게 임금을 지불한다. 따라서 시간당 완성되는 자동차 대수가 늘어나면 회사로서는 이익이다. 생산에 들어간 비용은 같은데 생산품의 개수는 늘어난 것이기 때문이다.

⑤ 동일한 시간에 훨씬 많은 자동차를 생산할 수 있게 되자 포드 자동차 회사는 자동차의 가격을 낮추었다. 그러자 많은 사람들이 포드 자동차를 샀고 포드 자동차 회사는 자동차 업계 1위로 올랐다.

⑥ 회사에서 임금을 높여 주었기 때문에 노동자들도 돈을 더 많이 쓰며 살 수 있게 되었다. 또한 노동자들 역시 돈을 조금 모으면 값싼 포드 자동차도 살 수 있었을 것이다. 결국 포드 자동차 회사를 비롯한 기업들이 만드는 상품의 소비자들이 훨씬 더 늘어난 것이다.

⑦노동자들은 온종일 그리고 여러 해 동안, 자신이 맡은 단순 작업을 되풀이하게 되었다. 이런 단순 작업은 처음에는 쉽게 여겨져도 시간이 지나면 사람들을 정신적으로 지치게 만든다.

⑧오랫동안 단순한 일만 반복하다 보면 사람도 변할 가능성이 있다. 사람이란 경험을 다양하게 쌓고 깊이 생각해 볼 여유를 가져야 사고의 깊이가 생기고 폭도 넓어진다고 한다. 그런데 생활의 아주 많은 시간 동안 한 장소에 머물러서 똑같이 단순한 일만 계속한다면 사람이 생각할 수 있는 능력도 많이 사라질 것이다. 단순 노동을 하면 인간을 인간답지 못한 수준으로 끌어내릴 수도 있는 것이다. 그래서 그람시가 단순 노동자를 원숭이에 비유한 것이다.

철학자가 들려주는 철학이야기 016

Abitur

프로이트가 들려주는 마음 이야기

저자_박민수

연세대학교 독문과를 졸업하고 동 대학원에서 석사 학위를 받았다. 지금은 독일 베를린 자유대학에서 '근대 미학에서 미적 가상의 개념' 이란 주제로 박사 논문을 준비하고 있다. 전문 번역가로도 일하고 있으며, 그동안 번역한 책으로는 《우리의 포스트모던적 모던》, 《데리다-니체, 니체-데리다》, 《신의 독약》, 《책벌레》, 《크라바트》 등이 있다.

프로이트

Freud, Sigmund

**프로이트는 누구인가? 다음 글을 읽고 프로이트가 어떤 사람이었
는지 말해 봅시다.**

프로이트(1856~1939)는 지금은 체코 영토가 된, 오스트리아 모라비아 지
방의 프라이베르크라는 작은 마을에서 태어났다. 그는 어렸을 때부터 학업
성적이 뛰어났고 책벌레라 불릴 정도로 독서광이었으며 수영과 스케이트
같은 스포츠도 즐겼다. 한때는 군인이나 법률가가 되고 싶어 했지만 독일의
문호 괴테가 쓴 《자연에 대하여》(원고 검토자 의견: 〈과학과 자연의 이원성
에 대하여〉라는 아티클은 검색이 되는데 단행본 분량의 《자연에 대하여》라
는 책은 검색되지 않습니다. 확인 부탁드립니다)라는 책을 읽고 나서 의학
과 자연과학에 관심을 갖게 되었다. 17세 때 빈 의과대학에 입학했고 졸업
후에는 신경증 질병을 전문으로 다루는 의사가 되었다. 프로이트는 많은 환
자들을 접하면서 신경증은 육체적인 관점이 아니라 심리학적인 관점에서
관찰하고 치료해야 한다는 입장을 갖게 되었다. 이후 프로이트는 자유연상
법에 의한 정신분석의 방법을 발전시켰으며, 꿈을 분석하여 인간의 심리 세
계를 엿볼 수 있는 열쇠를 찾아냈다. 그는 자신의 이러한 새로운 학문에 '정
신분석학' 이라는 명칭을 붙였다.

그는 매년 적어도 한 권 이상의 중요한 책이나 논문을 발표할 정도로 평생 동안 심리학 연구와 집필을 멈추지 않았다. 그가 쓴 책으로는 《꿈의 해석》, 《정신분석학 입문》, 《정신분석학 개요》, 《일상생활에서의 정신 병리학》, 《불안의 문제》 등이 있다.

프로이트는 인간에 대한 우리의 생각을 크게 변화시킨 사람으로 꼽힌다. 다음 글을 읽고서 ①과 ②의 사상은 각기 어떤 내용이며 어떤 점에서 인간에 대한 생각을 바꾸게 했는지 설명하시오. 그리고 ③을 참고해서 프로이트의 사상은 어떤 점에서 인간에 대한 관점을 변화시켰는지 설명하시오.

프로이트는 ① 지구가 우주의 중심이 아니라는 사실을 밝힌 사상과 ② 인간이 신의 모습을 빌려 창조된 것이 아니라 원숭이로부터 진화되었다고 주장하는 사상에 이어서 세 번째로 인간에 대한 관점을 변화시킨 사상가이다.

③ 프로이트 이전의 많은 유럽 사상가들은 인간에게는 이성이라는 탁월한 능력이 있기 때문에 자신의 마음 안에서 일어나는 일은 무엇이든지 이해할 수 있고 설명할 수 있다고 생각했다. 또 이 사상가들은 본능적 욕망이나 충동 역시 이성에 의해 완전하게 제어될 수 있다고 주장했다. 인간의 이성을 이처럼 강조한 사상가로는 플라톤, 데카르트, 칸트, 헤겔 등을 들 수 있다.

주 요 개 념 및 배 경 지 식

1 괴테

    괴테(1749~1832)는 독일의 대작가이다. 프랑크푸르트 암 마인에서 태어난 그는 아버지에게서 철저한 교육을 받았고 어머니에게서는 예술적 재능을 물려 받았다. 그는 라이프치히 대학에서 법학을 공부했지만 미술과 문학에 더 큰 관심을 가지고 작가가 되었다. 그가 젊은 시절에 쓴 작품으로 《젊은 베르테르의 슬픔》이 있는데 이 작품으로 전 유럽에서 명성을 떨치게 되었다. 좀 더 나이가 들어서는 《파우스트》, 《이피게니에》, 《빌헬름 마이스터》 등을 썼는데 모두 오늘날 세계적 고전으로 읽히는 작품들이다. 괴테는 문학뿐 아니라 해부학, 지질학, 광물학, 식물학 등 자연과학에도 큰 관심을 가졌다. 자연과학을 다룬 논저로는 《식물변태론》, 《색채론》 등이 있다. 또 정치에도 관심이 있어서 독일 바이마르 공국의 장관으로 일하기도 했다.

2 정신분석학

    정신분석학이란 프로이트가 신경증이나 다른 정신적인 문제가 있는 환자들을 치료하면서 개발해 낸 심리학의 영역이다. 정신분석학은 무의식에 중점을 두고서 무의식과 의식의 상호 작용에 관해 연구한다. 그 치료 방법은 자유연상법을 토대로 하는데, 이는 환자가 억압된 경험을 기억하도록 도와줌으로써 신경증이 사라지게 하는 것이다. 그 밖에도 정신분석학은 한 인간의 인격이 어떻게 형성되는지를 설명하며 개인과 사회의 관계에 대해서도 중요한 이론을 제공한다.

3 이성

이성이란 이치에 맞게 생각할 줄 아는 능력을 말한다. 다르게 말하면 사물을 바르게 판단하는 능력, 진실과 거짓, 선과 악을 구별하는 능력이다.

4 플라톤

플라톤(BC 428(?)~BC 347(?))은 그리스의 아테네에서 출생한 철학자이다. 스승인 소크라테스에게서 철학을 배우고 많은 영향을 받았다. 그가 쓴 책으로는 스승 소크라테스를 주인공으로 삼은 여러 편의 대화편이 있다. 이런 대화편에 속하는 것으로는 《소크라테스의 변명》,《크리톤》,《향연》,《파이돈》,《국가론》,《파이드로스》 등이 있다. 플라톤은 '아카데메아' 라는 학원을 설립해서 많은 제자들에게 철학을 가르쳤는데, 대학을 뜻하는 '아카데미' 라는 말은 여기에서 연유한다. 플라톤은 인간의 영혼은 육체적 욕망과 이성으로 구성되어 있으며, 이중 이성에 따를 때에 참된 진리에 이를 수 있다고 가르쳤다. 이러한 플라톤의 사상은 서양 철학의 원조가 되었다.

5 데카르트

데카르트(1596~1650)는 근대 철학의 아버지라 불리는 프랑스 철학자이다. 그는 인간의 감정이나 감각은 많은 착각과 그릇된 앎을 낳는다고 보았고 오로지 이성에 의해서만 참된 것을 알 수 있다고 생각했다. 《방법서설》, 《성찰록》, 《철학의 원리》 등이 대표적인 저서이다.

6 칸트

칸트(1724~1804)는 독일의 철학자로 이성의 능력을 비판적으로 검토하는 '비판 철학'을 완성했다. 그는 인간의 앎에서 감성과 이성이 함께 작용한다고 보았지만 감성보다 이성에 좀 더 주도적인 역할을 부여했다. 그리고 도덕의 세계에서는 인간이 감성의 영향에서 벗어나 이성적으로 생각하고 행동할 때에만 인간의 존엄을 지킬 수 있다고 말했다. 대표 저서로 《순수이성 비판》, 《실천이성 비판》, 《판단력 비판》 등이 있다.

6 헤겔

헤겔(1770~1831)은 독일의 철학자로 관념론 철학의 완성자라고 불린다. 그는 이성이 세계 전체의 원리와 법칙을 이루는 바탕이라고 생각했다. 그가 쓴 책은 모두 이 이성에 관한 것으로 《정신현상학》,《논리학》,《법철학 강요》 등이 대표작이다.

01_강 빙산의 일각

case 1 프로이트는 인간의 마음이 빙산과 같다고 말했다. 다음 글을 읽고 프로이트의 이 말이 무슨 뜻인지 설명하시오.

"그런데 아저씨! 마음이 빙산과 같다니 그게 무슨 뜻이에요?"

"아, 마음이 빙산과 같다는 건 내가 생각해 낸 것은 아니야. 프로이트의 생각이야."

(……)

"물 밑에 잠겨 있는 빙산? 그럼 마음도 그렇단 말이에요?"

"응, 그렇지. 프로이트는 많은 환자들을 치료하면서 알게 된 게 있었단다. 그것은 바로 마음속에 '우리가 모르는 부분' 이 있다는 것이야. 우리가 알 수 없는 또 하나의 마음, 마치 물 밑에 잠겨 있는 빙산과 같은 마음 말이야. 마음이 이렇게 물 위에 떠오른 부분과 물 밑의 부분으로 나누어져 있다는 게 프로이트의 주장이지."

(……)

"아저씨! '내 마음을 나도 모르겠어.' 라고 하는 게 다 이거 때문이죠? 내 마음인데 내가 알지 못하는 부분이 있다는 거잖아요."

"역시 넌 지혜로운 아이인 것 같구나. 그래서 아저씨가 좀 어려운 말도 섞어 볼게. 물 위를 의식, 물 아래를 무의식이라고 한단다. 그러니까 마음은 의식과 무의식 두 부분으로 나뉜다는 얘기지. 알 수 있는 부분을 의식, 알 수 없는 부분을 무의식. 어때 별로 어렵지 않지?"

– 《프로이트가 들려주는 마음 이야기》 중에서

생각 쓰기

"프로이트가 많은 신경증 환자들을 치료하면서 깨달은 게 있단다. 그건 바로 신경증이 환자 스스로 깨닫지 못하는 마음의 갈등에서 비롯된다는 사실이야. 환자 스스로 깨닫지 못한다면, 그 마음의 갈등은 어디에서 일어나는 것이겠니? 의식? 무의식?"

"환자가 알 수 없다면 당연히 무의식이겠죠? 그런데 아저씨, 잠깐만요! 신경증이 뭐예요?"

"신경증은 마음이 아파서 몸에 그 증상이 나타나는 거야. 예를 들면 손을 다치거나 질병에 걸리지도 않았는데 손을 움직이지 못하는 환자가 있었어. 안나 O.라고 알려진 환자인데, 몸엔 전혀 이상이 없는데도 손을 움직이지 못하는 거야. 프로이트가 그 원인을 밝혀냈단다. 안나 O.에게는 돌봐드려야 하는 병상에 누운 아버지가 있었대. 그런데 안나 O.는 무척 도덕적인 아가씨라 혹시라도 병상에서 꼼짝 못하는 아버지에게 자신이 나쁜 짓을 할지도 모른다는 불안 때문에 손을 아예 움직이지 못하게 된 거였단다. 프로이트가 그 사실을 밝혀내기 전에는 안나 O. 자신조차도 깨닫지 못했던 거지. 그런 마음의 갈등이 신경증의 원인이라는 것이 프로이트 이론의 핵심이란다."

– 《프로이트가 들려주는 마음 이야기》 중에서

프로이트는 인간의 마음을 빙산에 비유했답니다. 인간의 의식은 수면 위에 드러난 조그만 부분에 불과하며 수면 밑에 잠겨 있는 대부분이 바로 무의식입니다. 인간의 모든 행동, 느낌, 생각은 실수인 것처럼 보이는 행동이라 하더라도 모두 무의식 속의 어떤 원인 때문에 생긴 것이랍니다.

– 《프로이트가 들려주는 마음 이야기》 중에서

생각 쓰기

신경증

　신경증이란 정신이나 신체에서 강한 병적 증상이 나타나지만 그 원인이 신체가 아니라 마음에 있는 질환을 말한다. 신경증은 노이로제라고도 불린다. 프로이트는 이러한 신경증을 연구하는 가운데 무의식에 관해 알게 되었다.

02강 물에 잠긴 빙산을 보기

case1 프로이트는 '자유연상법'에 의해서 인간의 무의식을 알아내려 했다. 프로이트의 '자유연상법'이 무엇인지 다음 글을 읽고 설명해 보시오.

"지혜야? 무슨 생각을 그렇게 골똘히 하니?"

"앗, 죄송해요. 오빠 생각을 하고 있었어요. 오빠가 자주 배가 아프다고 하는데, 의사 선생님이 '신경성이에요'라고 하셨거든요. 참, 아저씨! 그럼 프로이트가 안나 O.의 마음속에 그런 갈등이 있다는 것을 소파에 편히 누워서 하는 그 방법으로 알아낸 거예요?"

"그렇지. 그때 사용한 방법 중 하나가 아까 이야기한 소파를 이용한 거야. 자유연상법이라고 하는데, 무의식의 단서를 찾는 가장 좋은 방법이었어. 환자가 편안한 소파에서 긴장을 풀고 자유롭게 떠오르는 생각을 그냥 얘기하는 거야. 프로이트는 그것을 받아 적고, 그러면서 단서들을 모은 거란다. 그런 면에서 프로이트는 명탐정이지. 프로이트는 인간의 모든 행동이나 느낌, 생각은 모두 다 무의식 속의 어떤 원인 때문에 일어난 것이라고 했단다."

— 《프로이트가 들려주는 마음 이야기》 중에서

"아, 그래? 그리고 보니 프로이트가 무의식의 단서를 모으기 위해 사용한 다른 재밌는 방법이 생각나는구나. 지혜가 방금 한 것 같은 실언 있지? 말실수 말이야. 그것도 무의식을 엿볼 수 있는 단서가 된단다. 프로이트는 《일상생활에서의 정신 병리학》이라는 책에서 실언, 실수, 꿈도 다 무의식에 원인이 있다고 했어. 그 책에 소개된 재미있는 예를 하나 들어 줄게. 여행지에서 만난 두 남자가 있었어. 남자 A는 아내가 뒤늦게 도착할 예정이었고, 남자 B는 혼자 여행을 하는 중이었지. 둘은 같이 식사도 하고, 여기저기 구경도 하면서 유쾌한 시간을 보냈어. 그렇게 며칠이 지나서, 남자 A는 그날 남자 B에게 배가 무척 고파 보인다며 먼저 저녁을 먹으라고 했대. 남자 B는 별 생각 없이 혼자 저녁을 먹었지. 그런데 알고 봤더니 그날 오후에 남자 A의 아내가 도착했던 것이야. 남자 B는 그제야 남자 A가 그날 평소와 다르게 자기와 함께 있는 것을 재미없어하고, 배고파 보인다며 먼저 저녁을 먹으라고 한 이유를 알게 되었지. 다음 날 아침, 남자 B는 식사를 하러 레스토랑에 갔다가 그 부부와 마주쳤어. 그가 반갑게 인사를 하자, 부인이 함께 아침이라도 먹자고 청하지 않겠어? 남자 B는 당연히 좋다고 하고, 잠깐 은행에 다녀오겠다며 자리를 비웠단다. 그런데 재밌는 것은 남자 B가 돌아왔을 때 앉을 자리가 없었다는 거야. 왜냐하면 남자 A가 옷을 남자 B가 앉을 자리에 놓아두었던 거야. 남자 B가 앉을 데가 없어서 한참을 서 있자 그제야 남자 A는 자기 옷이 남자 B가 앉을 의자에 놓여 있다는 것을 깨닫고 깜짝 놀라며 옷을 치워 주었다고 해. 이 예에서 남자 A가 어째서 남자 B가 앉을 의자에 자기의 옷을 두는 실수를 했는지 지혜도 짐작을 할 수 있지?"

"아, 남자 A는 아내와 단 둘이만 있고 싶었던 거예요. 그래서 옷을 남자가 앉을 의자에 놓아두는 실수를 했어요, 그렇죠?"

"그래, 맞아. 아내와 단 둘이만 있고 싶다는 남자 A의 무의식적 소망의 표현이었던 거야. 이렇게 프로이트는 실수, 실언, 꿈 등을 통해서도 무의식을 알아내었단다."

– 《프로이트가 들려주는 마음 이야기》 중에서

- -

- -

- -

자유연상법

　자유연상법은 프로이트가 신경증 환자를 다루는 과정에서 생각해 낸 치료법이다. 프로이트는 환자를 소파에 편안한 상태로 앉힌 다음 마음 속에서 일어나는 생각을 자유롭게 말하도록 두었다. 이처럼 자유연상법에 의한 치료에서 분석가는 환자를 안내하는 역할만 하고 환자 자신이 자신의 상황에 대해 적극적으로 생각하고 말한다.

아비투어 철학 논술

예시 답안

① 프로이트는 지금은 체코 영토가 된, 오스트리아의 모라비아 지방에서 태어났다.

② 프로이트는 학업 성적이 뛰어났고 독서와 스포츠를 즐겼다.

③ 프로이트는 괴테가 쓴 책을 읽고서 의학과 자연과학을 공부하기로 결심했다.

④ 프로이트는 의과대학을 졸업하고 신경증을 고치는 의사가 되었다.

⑤ 프로이트는 신경증은 육체적 질병이 아니라 심리적 질병이라는 입장을 갖게 되었다.

⑥ 프로이트는 자유연상법에 의한 정신분석 방법을 발전시켰다.

⑦ 프로이트는 꿈의 분석을 통해 인간의 심리 세계를 엿볼 수 있는 방법을 찾았다.

⑧ 프로이트는 자신의 학문에 정신분석학이라는 명칭을 붙였다.

⑨ 프로이트는 평생 동안 연구와 집필을 멈추지 않았다.

①은 코페르니쿠스가 주장한 지동설이다. 지동설은 지구가 태양계의 중심이 아니라는 사실을 밝혀냈다. 지구는 태양 주위를 돌고 있는 별에 불과했다. 이러한 지동설은 신이 창조한 인간이 우주의 중심이라는 기독교적 세계관을 흔들어 놓았다.

②는 다윈이 제시한 진화론이다. 이 역시 서양의 기독교적인 인간관과 세계관을 변화시켰다. 기독교에서 인간은 신이 자신의 모습을 빌려 창조한 존재였다. 때문에 인간은 신이 가장 사랑하는 존재이며 동물과는 전혀 다르다고 생각되었다. 하지만 다윈이 주장한 진화론에 의하면 인간은 원숭이로부터 진화한 존재였다. 인간은 신이 창조한 존재가 아니며 동물과 전적으로 다른 존재도 아니라는 것이었다.

다음으로 프로이트는 냉철한 이성이 인간의 특징이라는 전통적 견해를 무너뜨렸다. ③에서 알 수 있듯이 고대의 플라톤으로부터 데카르트와 칸트를 거쳐 헤겔에 이르기까지 서구의 철학자들은 인간의 이성을 중요시하고 감정이나 욕구 등은 배척해야 하는 요소로 보았다. 하지만 프로이트에 따르면 인간은 감정과 본능적 욕구에 의해 움직이는 존재였다. 그리고 이는 이성에 의해서 통제될 수 있는 것이 아니었다.

주 제 탐 구 **01**강 빙산의 일각

case 2 프로이트의 주장에 의하면 인간의 마음은 빙산과 같은 것이다. 우리의 마음에서 평소 우리가 알고 있는 것은 수면 위로 드러난 아주 작은 부분에 지나지 않고 대부분의 마음은 수면 아래에 있다는 것이다. 그리고 이 두 영역 사이에 중간 영역이 있다. 그것은 빙산에 비유하자면 평소 물속에 살짝 잠겨 있다가 가끔 파도에 의해 드러나기도 하는 부분이다.

프로이트는 우리의 마음 중에서 수면 위로 드러난 부분을 의식이라고 불렀다. 의식은 말 그대로 평소 우리가 의식할 수 있는 부분이다. 그리고 평소 의식되지 않다가 골똘히 생각하면 기억나는 부분을 전의식이라 한다. 예를 들어서 친구의 전화번호를 평소에는 굳이 기억하고 있지 않지만 일이 있어 전화를 걸고자 하면 자신도 모르게 생각나는 경우가 있다. 이런 것이 바로 전의식에 속하는 것이다. 마지막으로 빙산의 거대한 아래 부분처럼 우리가 알기 어려운 마음의 영역을 프로이트는 무의식이라 했다.

case **2** 프로이트는 신체적으로 아무 이상이 없는데도 신체적 고통을 호소하는 사람들을 만나게 되었다. 이런 환자들을 접한 프로이트는 혹시 환자들이 느끼는 몸의 고통은 마음에 원인이 있는 것이 아닐까 생각하게 되었다. 즉 환자 자신이 알지 못하는 마음속의 무엇인가가 환자의 몸에 고통을 주고 있을지 모른다고 추측했던 것이다.

프로이트는 신경증 환자를 치료하는 동안 자신의 추측이 맞다는 것을 확인하게 되었다. 환자들은 평소 의식되지 않은 채 숨겨져 있는 마음의 힘에 조종당하고 있었던 것이다. 이런 마음의 힘을 프로이트는 무의식이라 불렀고, 이 무의식과 의식의 관계를 빙산에 비유해서 설명했다.

프로이트는 우리의 행동이나 표면적인 생각은 모두 무의식에 있는 본능적 충동과 욕구에 의해 형성되고 조종된다고 주장했다. 그의 이러한 주장을 '심적 결정론'이라 한다. 즉 무의식 영역에 있는 마음[心]이 우리의 행동과 의식을 결정한다는 이론(理論)이 심적 결정론이다.

주 제 탐 구 **02**강 물에 잠긴 빙산을 보기

---

case **1** 프로이트는 우리가 의식하지 못하는 무의식의 세계에서 일어나는 일에 관해 조금이라도 알 수 있는 방법이 없을까 생각하게 되었다. 환자를 치료하기 위해서는 무엇보다 무의식에 관해 알아야 할 필요가 있었다. 프로이트가 무의식에

관한 단서를 찾아내기 위해 개발한 것이 바로 '자유연상법'이다. 이것은 환자가 아무 제한 없이 느끼는 것이나 머릿속에 떠오르는 것을 말하게 하는 방법이다. 프로이트는 환자에게 소파에 편안히 누워서 긴장을 풀고 이야기를 하게 했다. 이때 환자는 조리 있게 이야기하려고 애쓸 필요가 없이 떠오르는 모든 생각과 이미지를 말하면 되었다. 그리고 프로이트는 환자가 말한 내용들을 마치 퍼즐을 맞추듯이 연결 지어서 무의식의 내용을 알아냈다.

case 2 무의식은 빙산의 아랫부분처럼 드러나지 않는 부분이지만 프로이트는 이 영역을 알 수 있는 단서들이 있다고 생각했다. 그리고 꿈이 무의식을 드러내는 아주 탁월한 영역임을 알게 되었다. 프로이트는 우리가 잠을 자는 동안 의식의 활동은 약화되고 대신에 무의식의 활동이 좀 더 활발해진다고 생각했다. 꿈은 바로 이러한 무의식이 자신을 표현하는 활동이다.

또 프로이트는 실수와 실언도 무의식의 표현이라고 보았다. 우리는 보통 실수와 실언을 우연적인 것이라고 생각한다. 그리고 '나도 모르게 그랬다' 또는 '의도적인 게 아니었다'라고 말한다. 그런데 내가 의도하는 것이나 아는 것은 의식과 관련된다. 그에 반해 내가 의도하지 않았거나 알지 못한 채 저지르는 일이나 내뱉는 말은 의식과 직접 관련이 없다. 바로 이런 점에서 실수나 실언은 무의식과 관련되고 무의식의 표현이라고 프로이트는 생각했던 것이다.

프로이트는 환자를 치료할 때 자유연상법을 쓰거나 자면서 꾸었던 꿈에 관해 얘기하게 하거나 아니면 환자가 저질렀던 실수나 실언에 관해 얘기하게 했다. 그렇게 해서 환자의 무의식 세계를 엿보려 했던 것이다.

철학자가 들려주는 철학이야기 017

묵자가 들려주는 겸애 이야기

저자_유성선
현재 강원대학교 철학과 교수로 재직 중이다.

묵자

墨子

묵자는 어떤 인물인가? 그리고 묵가는 어떤 학파인가? 다음의 글을
읽고 정리하시오.

묵가는 제자백가 가운데 당시 유가와 쌍벽을 이루었던 학파이다. 후세에
는 노자나 장자와 같은 도가가 유명해지지만 당시로 말하자면 일반 백성들
이 가장 좋아했던 학파가 묵가이다. 때문에 이들의 주요 구성원은 일반 노
동자와 농민들이었다.

묵가를 창립한 묵자는 공자와 거의 동시대인 춘추 말 전국 초기에 활동한
것으로 알려진다. 최근 중국에서는 그의 고향을 현재 산동성 등주로 인정하
고 사적을 발굴하여 전시하고 있다.

보통 묵자의 성을 '묵(墨)'이라 하고 이름을 '적(翟)'이라 본다. '묵'은 본
래 붓글씨 쓸 때 사용하는 검은색의 먹을 뜻하지만, 묵가가 직접 노동하는
것을 기본 이념으로 하는 집단이었으므로 몸이 깡마르고 피부색이 먹과 같
이 검다는 표현을 의미하기도 한다.

— 《묵자가 들려주는 겸애 이야기》 중에서

생각 쓰기

1 춘추전국시대

중국 고대에 주나라가 처음 세워졌을 때는 서쪽 호경이라는 지역에 수도를 두었기 때문에 전반부를 서주라 하고, 나중에 동쪽 낙양으로 수도를 옮긴 후부터 동주라 했다. 동주를 다시 전후반으로 나누어 춘추시대(기원전 770 ~ 기원전 476)와 전국시대(기원전 475 ~ 기원전 221)라고 한다.

춘추전국시대는 쇠로 만든 농기구가 보급되면서 생산량이 비약적으로 증가한 농업혁명 시대였다. 이에 따라서 정치 사회 경제 모든 방면에서 급격한 변화와 함께 여러 가지 문제점도 발생하게 되었다.

2 제자백가

춘추전국시대의 수많은 학자들이 사회 각 분야에서 자기 주장을 내놓고 서로 토론하게 되었는데, 여기에 참여한 이들을 흔히 제자백가라고 한다.

제자백가란 많은 학파 혹은 학자들이라는 뜻인데, 이 중에서도 유가, 묵가, 도가, 법가가 대표적이다. 유가는 법치(법에 의한 정치)보다는 덕치

(덕에 의한 정치)를 주장한 공자를 대표로 하며 맹자와 순자가 포함된다.

묵가는 차별애(차별을 둔 사랑)를 비판하고 겸애(평등한 사랑)를 내세운 묵자를 대표로 하며, 도가는 무위자연(억지로 하지 않고 자연스럽게 한다)을 주장한 노자를 대표로 하여 열자와 장자가 포함된다.

법가는 법치를 주장한 한비자를 대표로 하는데, 본래 학파라기보다는 개혁적 정치가들을 가리키는 말이다. 따라서 보통 다른 학파의 대표가 그 학파에서 최초의 학자인 데 비해 법가를 대표하는 한비자는 시기적으로 가장 늦게 선배 학자들의 이론과 경험을 정리해 내놓았다.

3 묵자의 가르침

묵자는 널리 제자를 모아 교육하는 한편 일반 노동자와 농민의 입장을 대신 이야기하고 도리에 어긋난 일들을 해결하기 위하여 여러 나라를 돌며 자신의 주장을 전하였다. 묵자는 그러한 행동의 기본 목적을 국가와 백성의 이익에 두고 다음과 같이 자신감을 표현하였다.

'나의 말은 쓰기에 충분하다. 나의 말을 버리고 생각을 바꾸는 것은 마치 수확물을 버리고 이삭을 줍는 것과 같다. 또한 남의 말로써 나의 말을 비난하는 것은 마치 계란으로 바위를 치는 것과 같다. 세상에 있는 모든 계란을 다 소모하더라도 바위는 꿈쩍하지 않고 훼손시킬 수도 없을 것이다.

겸의 진지한 눈빛에 적은 읽고 있던 책을 덮으며 말했습니다.

"겸아, 이 세상에서 가장 나쁜 게 바로 전쟁이다. 힘 좀 있다고 작은 나라를 공격해서 닥치는 대로 죽이고 빼앗는 게 바로 전쟁이야. 도적질 중에서도 가장 큰 도적질이 바로 전쟁이란 말이다. 알겠느냐? 그게 다 자기밖에 모르는 이기심, 차별적인 사랑 때문이란다."

전쟁에 대한 적의 태도는 매우 단호해서, 겸은 자신의 속마음을 쉽게 말할 수 없었습니다. 몇 분의 침묵이 흘렀습니다. 겸이의 답답함을 아는지 적이 한층 인자한 목소리로 말했습니다.

"겸아, 죄 없는 사람을 한 명 죽이면 살인자가 되지?"

"그렇죠."

"그럼 열 명을 죽였다고 해보자. 그런 놈은 인간백정이라고 할 밖에 없다, 맞니?"

"그렇죠."

"그런데, 겸아 세상에는 이상한 일도 다 있다. 전쟁을 일으켜서 수만 명을 죽인 사람은 살인자나 인간백정이 아니라 도리어 영웅이 되니 이는 어찌된 일이냐?"

적의 말에 겸의 입이 굳게 다물렸습니다. 적은 겸의 마음속을 읽듯이 하나하나 자신의 생각을 말해 주고 있었습니다.

"겸아, 또 이런 일도 있단다. 남의 집에 들어간 좀도둑은 처벌을 받는 게 당연하지 않니. 그런데 남의 나라를 침략한 큰 도둑은 오히려 칭찬을 받는단다. 이 또한 이해하지 못할 일이 아니더냐? 저 혼란한 세상이 바로 그렇단다. 그러니 겸이 너는 마음을 단단히 먹고 겸애를 실천하거라. 네가 힘이 세다고 하여 남의 것을 탐내고 뺏어서는 안 된다. 알아듣겠느냐?"

겸은 냉큼 대답하지 않았습니다.

— 《묵자가 들려주는 겸애 이야기》 중에서

1 이기심

어떤 이들은 자기 자신을 지나치게 비천한 사람으로 생각한다. 그래서 스스로를 무시하고 공격한다. 그런데 사실 자신을 지나치게 천하다고 생각하면 결국 자기 자신을 망가뜨리게 된다. 이것과 반대되는 것이 이기심이다. 자신을 너무 높이는 바람에 남을 우습게 여기는 태도를 말하는데, 자신의 이익만을 구하려고 하거나 자신만 힘을 얻으려는 태도는 주변의 여러 사람과 환경을 다치게 한다.

2 차별적 사랑

단어를 잘 분석해 보면 '차별적 사랑'이라는 단어에는 모순이 있다. 사랑이란 단어에 차별이란 의미가 담겨 있으면 안 된다. 사랑은 무차별적이며 무제한적이고 무한한 것이기 때문이다. 그러나 이런 모순된 사랑을 가르치는 무리가 있었다. 그것은 다름 아닌 유가(儒家)였다. 유가에서는 먼저 자신과 자신의 가족을 사랑하지 않으면 안 된다고 가르친다. 물론 그 다음에 그 사랑을 펼쳐 이웃에게로 나아가야 한다고 주장하지만 말이다. 그래도 사랑에는 순서가 있고 차별이 있다는 건 모순이다. 묵자는 이런 차별적 사랑에 대해 '아니오'라고 말한다. 모든 사람을 동일하게 사랑하지 않으면 안 되며, 그런 차별적 사랑이 전쟁과 빈곤을 가져온다고 보았다.

3 겸애

《묵자(墨子)》〈겸애편(兼愛扁)〉에 '묵자가 말하기를 남의 나라 보기를 내 나라와 같이 하고, 남의 집 보기를 내 집을 보는 것과 같이 하고, 남의 몸 보기를 제 몸같이 하라(墨子言 視人之國若視其國 視人之家若視其家 視人之身若視其身)'는 말이 있다.

겸애는 나와 남을 구별하지 않고 모든 사람을 똑같이 대하는 태도를 말한다. 묵자는 자신을 대하는 것처럼 다른 사람을 사랑한다면 이 세상에 다툼은 없어지고 평화로운 생활을 누릴 수 있으니 천하의 큰 이로움(天下之大利)이라고 주장했다. 겸애는 특히 묵자사상의 바탕이 되는 것으로, 모든 인간을 사랑하는 것은 하늘의 뜻(天意)이라고 했다. 인간이 마땅히 지켜야 하는 최고의 원리라는 것이다.

case 2 그렇다면 남의 나라가 쳐들어와도 가만히 있어야 하는가? 물론 먼저 남을 공격하는 것은 잘못이다. 그러나 침략해 들어오는 나라를 막기 위해 공격하는 것을 잘못이라고 할 수는 없다. 하지만 응징도 전쟁은 전쟁이다. 그렇다면 묵자는 전쟁을 막기 위한 방법을 무엇이라 했는지 다음 글을 통해 궁리해 보시오.

"거자님, 그럼 남이 쳐들어와도 가만히 있어야 해요?"

적이 고개를 가로 저었습니다.

"남의 나라가 침략해 온다면 당연히 막아야 하겠지. 영토를 확장하기 위해서 죄 없는 나라를 공격하는 것은 침략이지만, 먼저 공격하고 침략해 들어오는 나라를 공격하는 것은 응징이라고 한단다."

"그래서 저희들에게 무술을 가르쳐 주시는 건가요?"

"그렇다. 적어도 자신의 몸과 자신의 터전을 보호할 줄은 알아야 하지 않겠느냐."

다시 곰곰이 생각하던 겸이 물었습니다.

"결국 싸우는 것은 마찬가지 아닌가요? 사실 이 묵골은 산속 깊은 곳에 있어 조용하지만 산 아래는 아직도 수많은 전쟁이 일어나고 있어요. 우리도 방어하기 위해서는 마주한 적을 죽여야겠지요. 그렇게 따지면 침략과 응징이 무슨 차이인가요."

"쳐들어오지 않았다면 방어할 이유도 없지 않느냐."

적이 여전히 생각에 잠긴 듯한 겸에게 다시 말했습니다.

"겸아, 내가 일전에 제나라 임금님을 찾아뵌 적이 있었단다. 그는 수많은 나라를 침략한 왕이었단다."

"제나라 임금님을 만나서 어떤 이야기를 하셨지요?"

"임금님, 여기 칼이 있는데 시험 삼아 사람의 머리를 단번에 베었다면, 예리하다고 할 수 있을까요? 라고 묻자 왕은 아주 자신 있게 예리하다고 대답했지."

"그래서요?"

"그래서 나는 다시 물었어. 그럼, 시험 삼아서 많은 사람의 머리를 베었다면 어떻습니까? 그러자 왕은 아주 예리한 칼이라고 말했단다."

적이 잠시 말을 멈췄다가 마주보고 있는 겸에게 물음을 던졌습니다.

"겸아, 그럼 내가 네게 묻겠다. 칼은 물론 예리하다고 할 수 있지만, 죄 없는 백성들을 벤 짓은 누가 책임지겠느냐? 칼이 잘못된 것이냐?"

적의 물음에 겸이 당연하다는 듯 대답했습니다.

"칼에게 잘못을 물을 수는 없겠죠. 당연히 칼 든 사람이 책임져야죠."

"제나라의 임금님도 방금 너와 똑같은 대답을 했단다. 그래서 난 말했단다. 그렇다면 남의 나라를 침략해서 죄 없는 백성을 수없이 죽였다면, 그 책임은 도대체 누가 져야 할까요? 칼 든 군사들인가요? 라고 말이다."

— 《묵자가 들려주는 겸애 이야기》 중에서

생각 쓰기

1 응징

　　응징이란 상대가 잘못을 뉘우치도록 벌주는 것을 뜻한다. 또는 적국
을 정복하여 보복하는 것을 말한다. 여기에는 나 자신 또는 자기 나라만
이 정당하거나 옳다는 생각이 잔뜩 깔려 있다. 잘못한 상대에게 깨우침
을 주기 위해 전쟁을 한다는 것 역시 이해하기 어려운 일이다. 응징하기
위해 백성들을 뽑아 전쟁터에 보내는 것은 아무리 좋게 말해도 속 불편
한 일이다.

2 정당방위

　　자기 또는 타인의 이익에 대한 현재의 부당한 침해를 막기 위해 행한
행동을 말한다. 그래서 우리 시대의 형법은 이러한 행동에 타당한 이유
가 있는 때에는 벌하지 않는다.

　　그러나 정당방위로 인정받으려면 몇 가지 요건을 갖추어야 한다. 우
선 현재의 부당한 침해가 있어야 한다. 지금 받고 있는 침해를 현재 침해
라고 한다. 앞으로 일어날 것으로 예상되는 것이나 이미 지나간 침해는

해당되지 않는다. 둘째로 방어 행위는 정당해야 한다. 불법적인 목적으로 행해진 방어 행위는 법적으로 보호받지 못한다. 셋째로 사회 전체가 인정할 만한 이유가 있어야 하고 적합해야 한다. 때문에 침해받는 것보다 지나치게 방어를 크게 해서는 안 된다.

3 평화

일반적으로 전쟁의 반대 개념으로 알고 있다. 그러나 평화는 단순히 전쟁이 그치거나 없는 상태를 뜻하지 않는다. 평화는 크게 두 가지 부류로 나눌 수 있다. 하나는 소극적인 평화로, 보통 우리가 이해하는 평화이다. 무기를 내려놓고 전쟁을 그만두겠다고 협상을 맺는 것이 그 예이다. 그러나 깊은 곳에서는 상대를 향한 적대감이 있을 수 있다. 때문에 언제라도 다시 총을 들고 서로를 향해 방아쇠를 당길 수 있는 분위기를 진정한 평화라고 할 수 있을지 의문이다. 그래서 필요한 것이 적극적인 평화이다. 서로가 서로를 부둥켜안고 지난날의 잘못을 뉘우치고 사이좋게 지내기를 약속하여 실행하는 평화를 말한다.

02강 아, 불쌍한 백성

case 1 예로부터 백성은 근심만 지고 살아왔다. 정치를 하는 이들이 저지른 그릇된 일의 결과는 모두 백성들에게 돌아갔다. 묵자가 보았던 당시 백성들의 근심은 무엇이었을까? 다음 글과 그의 가르침을 통해 정리해 보시오.

주인의 투덜거림에 적이 다시 말했습니다.

"주인장, 생각해 보시오. 전쟁 통에 얼마나 많은 아이들이 고아가 됐습니까. 그 아이들이 다 스스로 먹고살 수 있을 만큼 자라지 못했으니 이런 일이 생기는 거 아니겠소. 다 어른들의 헛된 욕심으로 일어난 전쟁에 아이들이 희생이 되고 있는 겁니다. 우리는 그 아이들을 혼내기 전에 우리가 왜 고아들을 만들어 냈는지부터 반성해야 합니다."

주인은 적의 말에 고개를 끄덕였습니다.

"그것도 듣고 보니 일리가 있습니다. 제 생각이 짧았군요."

"저도 전쟁으로 가족을 잃었습니다. 저도 지금 저 아이들처럼 힘들고 어렵게 살았지요. 그래서 어른이 된 지금 저는 여행을 하고 있습니다. 많은 사람들을 만나서 내가 품고 있는 뜻을 전하고 설득하려 하고 있습니다."

적의 말을 주의 깊게 듣던 주인이 다시 물었습니다.

"어떤 뜻을 전하고 싶으신 겁니까?"

"귀족이 관직을 독점하고 일반 백성은 늘 천한 지위에 있는 상황을 바꾸고 싶습니다. 우리 백성들에게는 세 가지 근심이 있습니다. 배고픈 사람이 밥을 먹지 못하고, 추워 떠는 사람이 옷을 얻지 못하고, 피곤한 사람이 휴식을 얻지 못하는 것이 바로 그것입니다."

"어이쿠, 옳은 말씀이시긴 한데 과연 높으신 어르신네들이 나으리의 말씀을 듣기나 하시겠습니까?"

안타까운 듯 말을 흐리는 주인에게 적이 싱긋 웃어 보였습니다.

—《묵자가 들려주는 겸애 이야기》 중에서

생각 쓰기

1 위정자

정치를 하는 사람을 일컫는 말이다. 위정자(爲政者)라는 의미 속에는 백성을 다스린다는 동양적 의미가 강하게 내포되어 있다. 위정자는 덕(德)을 중요시하여 그것으로써 인심을 좋은 쪽으로 변화시킬 수 있어야 한다고 한다. 그래서 위정자를 북극성에, 백성을 북극성을 중심으로 도는 별들에 비유하곤 한다. 위정자는 백성에게 형벌로써 복종만을 강요할 것이 아니라 백성들이 자연스럽게 위정자의 덕에 감동하여 주위를 따라 돌게 해야 한다.

2 의·식·주

인간으로서 누려야 할 생활 기본권 중에서도 가장 기초가 되는 입는 것, 먹는 것, 쉬는 곳을 가리키는 말이다. 보통 먹는 것이 제일 중요하다고 생각하지만 습관적으로 옷을 제일 앞에 둔다. 이것은 우리의 사상을 반영한 것인데, 인간으로서 옷을 갖추는 것이 먹는 것보다 앞선다는 의미이다. 하지만 의, 식, 주는 인간이 살아가는 데 없어서는 안 될 꼭 필요한 요소이며 어느 것이 먼저인지 정할 수 있는 문제가 아니다. 기본적인 생활이 보장되지 않으면 인간은 견딜 수 없게 된다. 견딜 수 없는 마음이 눌리고 쌓이면 어느 날 갑자기 폭발하는데 걷잡을 수 없이 퍼져 온 나라를 휩쓸기도 한다. 이러한 위험을 당하지 않으려면 위정자들은 백성의 생활을 자주 성심껏 살펴보아서 부족한 것이 있으면 채워주어야 한다. 이렇게 백성을 고루 돌보는 것을 현대적인 의미로는 '복지'라고 할 수 있는데, 이것은 위정자가 마땅히 해야 할 일들 중의 하나이다.

3 혁명

현재의 사회 체제를 바꾸기 위해 지금까지 국가 권력을 가지고 있었던 지배 계층을 대신하여 피지배 계층이 그 권력을 비합법적인 방법으로 빼앗는 권력 교체의 한 형식을 일컫는다.

혁명을 이끄는 세력의 성격에 따라 위로부터의 혁명, 아래로부터의 혁명, 옆으로부터의 혁명으로 분류한다. '위로부터의 혁명'이란 구 지배 계급의 계획과 지도 아래에서 타협적으로 이루어지는 혁명을 말한다. 독일에서의 슈타인(1757~1831)과 하르덴베르크(1750~1822)의 대개혁 등이 그 예이다.

'아래로부터의 혁명'은 혁명의 가장 전형적인 형태인데, 정치적으로 성숙한 민중들 스스로 시행하는 혁명이다. 예컨대 프랑스 혁명과 영국의 청교도 혁명, 러시아의 공산 혁명 등이 있다.

'옆으로부터의 혁명'은 위로부터의 혁명과 아래로부터의 혁명을 단행할 만한 존재가 없을 때, 주로 민중의 지지 아래 지식 계층에 의하여 이뤄지는 혁명을 말하는데, 한국의 4·19혁명이 이 유형에 속한다고 한다.

"그분을 만나셨나요?"

주인이 정말 궁금한 듯 물었습니다.

"예, 만나서 바로 물어보았지요. 나와 같이 백성들을 구할 마음이 있는지."

"그래서 오려님께서는 뭐라고 하셨습니까?"

"자신이 의롭다고 생각하는 일만 하신다고 하시더군요. 그런 것은 굳이 입으로 이야기 할 필요가 없다고 하셨습니다."

"제가 생각이 짧아서인지 무슨 말씀을 하시는지 잘 이해가 되지 않는군요."

"저는 오려님께 물었습니다. 의로운 일이란 남을 위해 아낌없이 일하고 남에게 재물을 나누어 주는 것입니까? 라고요. 그러자 그분께서는 그런 거라 하시더군요."

"그게 옳은 말씀 아닌가요?"

"저도 한때 그런 생각을 한 적이 있습니다. 그러나 그래봤자 기껏 이웃집 정도만 도움을 줄 수 있어요. 그래서 저는 옛 훌륭한 왕들과 학자들의 교훈을 배워서 위로는 왕을 설득해야 한다고 생각합니다. 왕이 제 말을 들어서 실천한다면 나라는 반드시 옳은 방향으로 다스려질 것이고, 왕의 명령을 듣는 백성들과 군사들도 자연히 내 말에 따르게 되는 거겠지요. 비록 농사를 지어 굶주린 자를 먹이거나, 옷을 만들어 추위에 떠는 자를 입히는 것은 아니지만, 그 효과는 음식을 먹이거나 옷을 만들어 입히는 것보다 낮지 않겠습니까?"

적의 설명에 주인이 그제야 이해가 간 듯 고개를 끄덕였습니다.

— 《묵자가 들려주는 겸애 이야기》 중에서

생각 쓰기

1 설득

누군가를 말로 이해시킨다는 것은 어려운 일이다. 논리와 그것을 표현하는 말로써 상대방이 나의 의견에 고개를 끄덕이게 하기 위해서는 상대도 찬성할 만한 분명한 논리가 서 있어야 한다. 표현하는 말 역시 중요하다. 너무 화려해도 안 되고 너무 단순하여 가볍게 보여서도 안 된다. 대신 상대가 호감을 가질 만한 장식으로 이야기를 꾸려 나가야 한다. 설득은 말로 상대의 이성을 자극하여 찬성하게 만드는 것이다.

2 지도자와 유형

지도자는 다른 사람이나 무리를 이끄는 앞선 사람이다. 때문에 지도자의 역할은 민주주의가 뿌리내린 현대사회에서도 여전히 중요하게 받아들여진다. 지도자의 유형에는 몇 가지가 있다. 첫째는 백성을 강제로 자신의 의도대로 이끌어가는 독재형이다. 독재가 가능하기 위해서는 백성을 위협할 힘이 있어야 한다. 설득에 의해서가 아니라 힘에 의존하여 이끌어 가야 하기 때문이다. 둘째로 민주형이 있다. 백성들의 의견을 충분히 들어 보고 최선의 길을 판단하고 선택하는 형태의 지도이다. 셋째로 방임형이 있다. 지도자가 백성들의 의견을 존중하여 최대한 간섭 하지 않는 방법이다. 지도자는 전체의 틀과 방향만을 이끌어 가고 세부적인 결정과 판단은 백성들에게 맡기는 편이다. 넷째로 카리스마형이 있다. 지도자의 능력으로 백성들을 설득시키거나 감동시켜 일을 추진해 나가는 형태이다. 한 사람의 지도자에게 힘이 집중된다는 점에서 독재형과 비슷하지만 백성들의 지지를 적극적으로 받고 있다는 점에서 다르다.

아비투어 철학 논술

예시 답안

　　묵가는 제자백가 중에 유가와 쌍벽을 이루던 학파로 제자백가 중에서도 일반 백성
들이 가장 좋아하던 학파였다. 묵가의 주요 구성원은 일반 노동자와 농민들이었다.
묵자는 공자와 비슷한 시기인 춘추 말 전국 초기에 활동했으며 피부가 먹과 같이 검다
는 뜻에서 묵자라 부르기도 했다.

주 제 탐 구　01강　전쟁아 멈추어라

case 1　　전쟁의 근원은 이기심과 차별적인 사랑이다. 전쟁을 일으키는 이들은 나라
　　　　　　를 위한 것이라고 주장한다. 남의 나라를 쳐서 많은 것을 빼앗은 일이 우리
나라를 지키고 우리 백성을 풍요롭게 만드는 일이라고 한다.

　　그러나 자세히 들여다보면 전쟁에는 이를 시작하는 사람의 욕심이 들어 있다는 것
을 알 수 있다. 좀 더 많은 영토를 갖고 싶고 그것을 통해 자신이 더 큰 힘을 가질 수 있
기 때문에 전쟁을 일으키는 것이다. 나라와 백성을 위해서 전쟁을 일으킨다는 것은
거짓이며 전쟁을 통해 권력과 재물을 거두어 가는 이는 전쟁을 시작한 당사자이다.
그래서 백성들은 결국 전쟁으로 인해 피해를 볼 뿐이다.

　　또한 백성은 우리나라에만 있는 것이 아니다. 상대방의 나라에도 백성이 있고 모든
생명은 누구나 할 것 없이 귀하다. 내 나라와 백성만을 위해서 전쟁을 한다고 하면 상
대편의 나라와 백성은 어떠하다는 것인가. 내 것만을 생각하는 것은 차별적인 사랑

때문에 일어나는 것이다. 내 것만을 귀히 여기는 차별적인 생각은 다른 사람의 생명을 무시한다. 모든 사람을 똑같이 평등하게 생각하는 것은 매우 중요하다. 이런 생각을 가질 때, 전쟁은 멈추고 모든 사람이 함께 즐거워하는 평화가 이루어진다.

case 2 묵자는 먼저 전쟁을 일으키는 것은 잘못이지만, 공격을 당해 할 수 없이 전쟁을 하는 것은 잘못이 아니라고 한다. 그러나 그것이 묵자의 근본적인 주장은 아니었다. 공격을 막기 위한 전쟁도 전쟁이다. 그렇기 때문에 전쟁의 뿌리를 없애는 것이 옳다고 생각했다. 그래서 묵자는 전쟁을 막기 위해 자신의 왕과 상대방의 왕을 설득하려고 했다. 전쟁으로 백성들만 힘겨우니 전쟁만은 말아 달라고 말이다. 왕을 설득하여 명분이 있거나 정당방위로 일으킨 전쟁조차도 막으려 했던 것이다.

묵자는 전쟁을 막기 위해서는 전쟁을 벌이는 주동자인 왕이나 귀족들을 설득해서 전쟁을 일으킬 마음이 일어나지 않도록 해야 한다고 생각했으며 그것이 전쟁을 막는 가장 근본적인 방법이라고 보았다. 그런 의미에서 가장 나쁜 평화도 가장 좋은 전쟁보다 낫다는 말이 적절하다고 생각한다.

주제 탐구 **02**강 아, 불쌍한 백성

case 1 전쟁이 터지면 제일 고생하는 이는 백성이다. 백성이 나라를 다스리는 사람에게 바라는 것은 단순하다. 자신들의 일에 충실할 수 있고, 일에 대해 보람을 느낄 수 있으며 일한 만큼 먹을 수 있으면 된다. 그러나 관직을 가진 이들은 백성의 편안함을 생각하기보다는 자신들의 욕심을 위해 여러 가지 일을 벌인다. 그래서 백성은 대체로 힘들어 하고 고통스러워한다.

백성들에게는 크게 세 가지 근심이 있다. 하나는 배고픈 사람이 밥을 먹지 못하는 것이다. 인간이 누려야 할 최소한의 기본 요소 중 하나가 먹는 것이다. 먹지 못하는 것보다 큰 근심은 없다. 그러니 적어도 먹을 것 때문에 근심하지 않게 된다면 백성은 열심히 일하며 살 수 있다. 다른 하나는 추위에 떠는 사람이 옷을 얻지 못하는 것이다. 백성이 원하는 옷은 귀족들처럼 화려하고 고급스러운 옷이 아니다. 몸을 가릴 수 있고 추위와 더위로부터 몸을 보호할 수 있으면 된다. 그러나 인간으로서 지켜야 할 그런 최소한의 품위를 지킬 만한 옷이 없다면 걱정할 것이다. 마지막으로 피곤한 사람이 휴식을 얻지 못하는 것도 하나의 근심이다. 휴식을 위해서는 시간과 공간이 필요하다. 화려하지 않아도 된다. 백성들은 누워서 쉴 공간이 있고 쉴 시간이 보장되면 휴식을 통해 다시 힘을 얻어 일을 할 수 있다. 이러한 시간과 공간을 보장해 주지 않으면서 많이 일 할 것을 바라는 것은 잘못이다.

백성을 다스리는 자가 이러한 기본적인 요구를 알지 못한다면 백성을 제대로 다스릴 수 없다. 이런 요구가 이루어지지 않아 백성이 늘 근심하게 되면 백성은 결국 새로운 변화를 요구하게 되는데 이것이 곧바로 혁명으로 이어지는 경우가 있다.

case 2   백성의 어려움을 해결해 줄 방법 중에 가장 우선적인 것은 백성에게 먹을 것과 입을 것을 주는 것이다. 그러나 이것은 한계가 있다. 무수한 백성에게 날마다 이러한 것을 제공하기란 쉽지 않다. 도리어 먹을 것과 입을 것을 제공받는 데

익숙해져 스스로 일할 의욕을 잃어버릴 수도 있다. 뿐만 아니라, 먹을 것을 제공하는 자에게 더욱 의존할 가능성도 높다.

중요한 것은 지도자를 설득하는 것이다. 현 시대에 지도자 한 사람의 능력만으로 국가를 변화시킬 수는 없지만 예전에는 어느 정도 가능했던 일이다. 임금의 마음가짐은 백성의 삶을 움직일 수 있었다. 임금은 국가의 방향을 쥐고 있었기 때문에 그의 결단에 의해 백성들의 삶은 얼마든지 달라질 수 있었다. 그래서 묵자는 백성을 위한 정치의 형태 변화를 꿈꾸었던 것이다.

철학자가 들려주는 철학이야기 018

니체가 들려주는 슈퍼맨 이야기

저자_박민수

연세대학교 독문과를 졸업하고 동 대학원에서 석사 학위를 받았다. 지금은 독일 베를린 자유대학에서 〈근대 미학에서 미적 가상의 개념〉이란 주제로 박사 논문을 준비하고 있다. 전문 번역가로도 일하고 있으며, 그동안 번역한 책으로는 《우리의 포스트모던적 모던》, 《데리다-니체, 니체-데리다》, 《신의 독약》, 《책벌레》, 《크라바트》 등이 있다.

니체

Friedrich Wilhelm Nietzsche

니체는 누구일까? 다음 글을 읽고 어떤 사람이었는지 요약하시오.

철학자 니체(1844~1900)는 독일의 작은 마을에서 목사의 아들로 태어났다. 고등학교 시절 그리스 · 로마 문화와 음악에 흠뻑 빠졌던 니체는 대학에서 신학과 고전문학을 공부했다. 대학 시절에는 쇼펜하우어의 철학에서 깊은 영향을 받았다고 한다.

니체는 이미 대학 시절부터 천재성을 인정받았으며 25세의 나이로 스위스 바젤대학의 교수가 되었다. 하지만 그는 1년 후 프로이센—프랑스 전쟁이 터지자 위생병으로 군대에 합류하였다. 이때 니체는 병에 걸려 일찍 제대했고 당시 잃어버린 건강을 평생 동안 회복하지 못했다. 이즈음 니체는 유명한 작곡가 바그너의 음악에 심취했고, 그 영향을 받아 《비극의 탄생》이란 철학책을 썼다.

니체는 병세가 계속 악화되어 1879년 바젤대학 교수직에서 물러났으며, 알프스와 이탈리아, 프랑스의 요양원에서 투병 생활을 하게 되었다.

니체는 이때부터 많은 책을 썼는데, 개중 유명한 것으로는 《인간적인, 너무나 인간적인》, 《아침놀》, 《즐거운 학문》이 있다. 그리고 말년인

1883~1885년에 알프스에서 요양하면서 쓴 책이 유명한 《차라투스트라는 이렇게 말했다》이다. 이 대표작을 쓴 후에도 니체는 여러 책을 발표했지만, 1889년 정신 착란 증세를 일으킨 후 누이동생의 간호를 받다가 1년 만에 세상을 떠났다.

처음에 니체의 책과 글은 철학자들보다 문학자들로부터 칭송을 받았다. 니체의 글이 너무나 아름다웠기 때문에 명확한 논리를 좋아하는 철학자들로부터는 외면당하고, 오히려 작가들의 사랑을 받았던 것이다. 그러나 니체는 20세기 중반부터 철학자들의 관심을 끌면서 오늘날 가장 인기 있는 사상가 중의 한 사람이 되었다.

1 쇼펜하우어

쇼펜하우어(1788~1860)는 독일의 철학자로, 플라톤과 칸트와 인도의 불교 철학을 종합하여 독특한 철학 이론을 만들어 냈다. 쇼펜하우어의 철학은 그가 30세에 발표한 《의지와 표상으로서의 세계》(1819)에 담겨 있다. 쇼펜하우어는 이 세계와 인간 삶의 가장 근본적인 본질이 '살려고 하는 맹목적 의지'라고 보았으며, 이 사상은 니체에게 영향을 주었다.

2 프로이센-프랑스 전쟁

프로이센-프랑스 전쟁은 말 그대로 프로이센과 프랑스 사이의 전쟁이다. 19세기 말까지 독일은 크고 작은 여러 국가로 분할되어 있었고 아직 통일국가를 이루지 못하고 있었다. 그런데 독일의 여러 국가 중 가장 강력한 프로이센은 비스마르크 재상의 주도 아래 통일을 이루려는 정책을 폈다. 그러자 이웃 나라인 프랑스는 이를 저지하려 했고, 이 때문에 두 나라 사이에서는 전쟁이 일어났다. 두 나라의 전쟁은 프로이센의 승리로 끝났고, 프랑스는 막대한 액수의 전쟁 배상금을 지불해야 했다. 그리고 독일은 통일국가를 수립했다.

3 바그너

바그너(1813~1883)는 독일의 작곡가이자 지휘자, 시인, 문화 철학자이다. 그는 전통적 오페라를 개혁하여 악극이란 새로운 장르를 만들어낸 것으로 유명하다. 바그너의 음악 작품과 음악 기법, 예술과 세계에 대한 사상은 후대 작곡가와 문학인들에게 다채로운 영향을 끼쳤다. 대표작으로는 〈탄호이저〉, 〈로엔그린〉, 〈니벨룽겐의 반지〉 등이 있다.

주 제 탐 구

01_강 힘에의 의지와 동정심

case 1 니체는 '힘에의 의지'가 세상 만물의 본질이라고 한다. 다음 글을 읽고 '힘에의 의지'가 무엇인지 서술하시오.

"니체는 독일의 유명한 철학자란다. '힘에의 의지'는 바로 니체가 한 유명한 말이지. 독일 말로는 '빌레 추어 마흐트'라고 한단다. 자, 따라 해 봐."

"빌레 추어 마흐트."

"발음하기가 어렵지?"

"네."

"니체는 사람뿐만 아니라 모든 생명, 그러니까 식물과 동물도 '힘에 대한 의지'를 갖고 있다고 했어. 식물이 싹을 틔우고 성장을 하는 것, 동물의 종족 보존 본능도 마찬가지로 자신의 존립을 위해 힘을 얻으려는 의지 때문이라는 거야. 그리고 인간 사회에서는 지배와 복종 관계가 형성되고 있지. 이처럼 서로 더 높이 오르려고 하는 과정에서 갈등이 생기는 것으로 니체는 보았단다. 그러다 보면 싸움도 하게 되고, 심한 경우에는 전쟁도 발생하는 거겠지? 돈을 더 가지려고 하는 것, 더 좋은 성적을 얻고 싶은 것도 모두 그

의지 때문이란다."

"어려운 말이긴 하지만, 내가 친구랑 싸울 때를 생각해 보면 조금은 이해가 돼요. 사실 사소한 것이지만, 싸움에서 이기면 내가 조금은 똑똑한 것 같기도 하고, 조금 잘난 것 같기도 하고, 그 친구보다 내가 조금은 위에 선 것 같은 느낌이 들거든요."

– 《니체가 들려주는 슈퍼맨 이야기》 중에서

생각 쓰기

"세상의 모든 사람들이 그 친구처럼 남을 도우며 산다면 얼마나 좋겠니?
그래서 많은 현자들은 이웃을 사랑하라고 강조했단다. 특히 기독교는 '이
웃을 사랑하라' 고 가르치지 않니? '빌레 추어 마흐트' 를 말한 니체도 이기
적인 생각을 버리고 이웃을 배려하는 마음을 갖는 것이 중요하다고 했단다.
이기적인 생각을 버리고 남에게 베풀 수 있어야 한다고 말이야. 태양은 아
무것도 요구하지 않으면서 이 땅에 빛을 보내지 않니? 그런 것처럼 스스로
베푸는 도덕이 최고의 도덕이라고 니체가 말했어. 참, 이기주의가 무언지는
알고 있지?"

"그럼요. 그런데 불쌍한 사람을 돕기만 하면 되는 건가요?"

"하지만 동정심만으로는 안 된단다. 왜냐하면 동냥하는 거지를 도와주
면 그 거지는 동냥하는 손길에 의지해서 계속 게으르게 살 수도 있으니까
말이야."

아빠의 말씀은 내가 평소 생각했던 것과 같았다. 멀쩡하게 생긴 사람이
구걸하는 모습을 보면 정말 화가 났다.

"맞아요! 일하기 싫어서 구걸하는 사람들도 있잖아요. 그런 사람들은 도와주면 안 될 것 같아요. 그렇죠, 아빠?"

"흐음, 그렇지. 니체도 인간의 동정심에 대해 아주 심각하게 말했단다. 힘없고 가난한 사람들에게 무조건적인 동정을 하는 것은 그들을 더욱 약하게 만드는 일이라는 거야. 그래서 니체는 약함에서 생겨난 모든 것을 악이라고 보았단다. 우리 중에는 동정하면서 행복을 느끼는 사람이 있는 반면, 동정받기를 원하는 사람도 있어. 니체는 이 두 가지 경우를 다 경계하라고 말했어. 받으려고만 하는 것은 노예의 행복이야. 무슨 말인지 이해되지? 베푸는 것과 동정은 다르단다. 그러니까 우리도 잘 생각해서 남을 도와야 해. 동정이 오히려 인간을 망칠 수도 있지 않니? 지하철이나 길거리에서 구걸하는 사람들 중에는 열심히 일한다면 스스로 돈을 벌 수 있는 사람들도 분명히 있을 거야. 나라에서 그런 사람들을 위해 일자리를 만들어 준다면 좀 더 장기적으로 가난한 사람을 구제할 수 있는 방법이 되지 않겠니? 물론 노약자나 일을 하고 싶어도 그럴 수 없는 상황에 처한 사람들에게는 이웃으로서 따뜻한 사랑을 베풀어야겠지."

– 《니체가 들려주는 슈퍼맨 이야기》 중에서

"받는 것을 부끄럽게 여겨야 한다. 받는 것을 삼가해야 한다!"
나는 주어야 할 것이 하나도 없는 사람들에게 충고하노라. 그러나 나는

주는 자다. 나는 기꺼이 벗들에 대한 벗으로서 준다. (⋯⋯) 그러나 거지들
은 모조리 쫓아 버려라!

– 니체, 《차라투스트라는 이렇게 말했다》 중에서

– 관련 기출 문제: [2001] 경북대학교 논술 고사 유사 제시문

생각 쓰기

주 요 개 념 및 배 경 지 식

1 이기주의

이기주의란 자기 자신의 이익과 즐거움, 주장을 중심으로 삼고 다른 사람의 생각이나 처지에 대해서는 관심을 두지 않는 태도를 말한다. 이기주의의 반대말은 이타주의이다.

2 동정심

동정심은 보통 다른 사람의 어려운 사정을 잘 헤아리고 걱정해 주는 마음을 가리킨다. 하지만 니체는 사람들이 흔히 생각하는 동정심에는 잘못된 점이 있다고 보았다. 한 사람에 대한 동정심에는 그 사람이 나보다 못하다고 생각하는 이기적인 마음이 포함되어 있다고 보았던 것이다.

02강 바람직한 인간의 모습

case 1 요즘 '왕따'라는 현상이 사회적으로 문제가 되고 있다. 조금 튀거나 잘난 체하는 친구, 마음에 안 드는 친구를 집단적으로 따돌리는 것이다. 니체라면 '왕따'에 대해서 어떻게 생각했을까? 다음 글을 읽고 이에 대해 서술하시오.

"세상을 살다 보면 자기 성격과 맞지 않는 친구를 만날 수도 있고, 심술궂은 친구를 만날 수도 있어요. 누구나 그런 경험이 있을 거라는 생각이 드는데…… 그렇죠? 하지만 그 친구가 못생겼다고 혹은 자기 마음에 들지 않는다고 왕따를 시키면 그 친구는 상처를 받겠죠. 왕따를 시키는 건 남의 행동이나 말이 자기 기준에 맞지 않다고 생각했기 때문이에요. 그럼 결국 그것은 왕따를 시킨 그 사람의 자기중심적인 생각의 결과라고 볼 수 있어요. 그렇지 않나요?"

아이들은 아무 말이 없었다.

"이 세상에는 수많은 사람이 있어요. 그리고 사람들은 모두 각양각색이에요. 사람들마다 독특한 개성을 가지고 있기 때문에 다른 사람의 눈에 거슬리는 행동을 할 수도 있어요. 하지만 눈에 거슬리는 말과 행동을 한다고 해서, 또 자신과 맞지 않는 생각을 가지고 있다고 해서 왕따를 시킨다면, 이 세상 모든 사람은 한 사람의 예외도 없이 모두가 왕따가 될 거예요. 그렇지 않나요, 여러분? 자, 그럼 우리는 어떻게 살아가야지 바람직한 삶을 살 수 있을까요?"

"바다와 같은 포용력을 가져야 합니다."

나는 큰 소리로 외쳤다.

"제가 하고 싶은 말을 저 친구가 대신해 주었네요. 맞아요, 저는 오늘 니체라는 철학자가 한 이야기를 여러분에게 들려주려고 합니다."

경찰관 아저씨는 목을 한번 가다듬은 후 말씀하셨다.

"니체는 인간을 더러운 강에 비유했습니다. 기분이 좀 나쁜가요? 하지만 강물은 고이지 않고 계속 흐르죠. 결국 멈추지 않고 계속 흘러서 바다에 도착하게 되면 넓은 바다는 오랜 시간에 걸쳐 스스로를 정화하여 다시 깨끗해집니다. 모든 더러운 것을 품고 있다가도 스스로 깨끗해지는 바다는 무엇을 의미할까요?"

— 《니체가 들려주는 슈퍼맨 이야기》 중에서

"결국 위버멘시란, 어느 한곳에 고정되지 않고 부단히 노력하고 극복해서 새로운 나로 넘어가는 과정을 이야기하는 것이란 말씀이지. 어때, 이진영, 좀 이해가 되시나?"

나는 입을 쩍 벌리고 엄마의 얘기를 듣고 있었다. 우리 엄마가 이렇게 멋져 보일 수가!

"진댕 씨, 침 좀 닦으시죠. 초인이란 말은 니체가 《차라투스트라는 이렇게 말했다》라는 책을 통해서 의미심장하게 사용한 후부터 많은 사람들이 알게 됐지. 니체는 모든 사람이 초인이 될 수는 없다고 했어. 진실로 용기 있는 자만이 험난한 길을 헤쳐 나가 초인이 된다고 했지."

— 《니체가 들려주는 슈퍼맨 이야기》 중에서

나는 고수에게 뭔가 말을 해야 할 것 같은 기분에 휩싸였다. 그리고 가슴 밑바닥에서부터 용기가 불끈 솟아났다.

"자신을 극복하는 사람은 검은 구름을 뚫고 나오는 번갯불과 같다! 우리는 먹구름 뒤에 맑은 하늘이 있다는 것을 잊고 산다! 우리의 인생에도 맑은 날이 있고, 흐린 날이 있다! 비가 개면 다시 맑은 하늘을 볼 수 있다! 그 순간까지 꿈을 포기하지 말고 기다려라!"

"푸핫, 이진영! 너 웅변대회 나가냐?"

이런! 너무 긴장한 나머지 웅변을 해 버렸네. 엄마에게서 밤늦게까지 들었던 니체에 대한 이야기 속에서 기억해 낸 말이었다. 나름대로는 제법 멋지게 말하고 싶었다. 이그, 바보 이진영…….

"그러니까 말이지, 그게. 음, 너도 잘 아는 니체가 그렇게 말했다 이거야……."

"자기 자신을 극복해서 앞으로 나아가려 하지 않고 현재에만 안주하려는 사람들은 초인이 될 수 없다, 그런 의미지."

고수가 내 말을 낚아챘다.

－《니체가 들려주는 슈퍼맨 이야기》 중에서

포용력

포용력(包容力)은 한자로 풀면, '감싸(包) 받아들이는(容) 힘(力)'을 말
한다. 즉 단점도 많이 있는 다른 사람을 아량 있고 너그럽게 감싸 받아들
일 수 있는 힘이 바로 포용력이다.

^강 신은 죽었다

종교에서 신은 어떤 존재를 말하는가? 다음 글을 읽고 이에 대해 서술하시오.

"잠깐만! 그런데 신이 정말 있기는 해요? 솔직히 난 잘 모르겠어요."

가끔 친구를 따라 성탄절에 교회에 가 보기는 했지만, 솔직히 그건 잿밥에 관심이 있어서였다. 정말 신이 있는지 없는지 관심을 가져 본 적은 한 번도 없었다. 이런, 나답지 않군.

"진영이는 신이 뭐라고 생각하니?"

"음, 귀신? 헤헤."

"왜에? 발이 신는 신발은 아니고?"

엄마와 나는 함께 웃었다. 역시 우리 엄마의 유머 감각은 알아줘야 해.

"니체가 말한 신은 모든 세상을 창조한 존재를 말하지. 쉽게 설명하자면…… 엄마의 아버지가 누구지?"

"할아버지."

"그 할아버지의 아버지는?"

"증조할아버지요."

"그렇지. 그렇게 계속 거꾸로 따라가면 최초의 인간을 생각할 수 있겠지. 그렇다면 그 최초의 인간은 어떻게 해서 태어났을까? 종교에서는 그 최초의 인간을 신이 만들었다고 해. 신은 사람뿐만 아니라 하늘과 땅 모두를 창조했지."

– 《니체가 들려주는 슈퍼맨 이야기》 중에서

생각 쓰기

"진영이는 이 세상에 얼마나 많은 종교가 있는지 아니?"

"음, 기독교, 불교, 유대교, 이슬람교……."

"그래. 하지만 네가 지금 거론한 종교들은 빙산의 일각일 정도로 세상에
는 수많은 종교가 있어. 그리고 각 종교마다 믿고 따르는 신도 따로 있어.
그리고 대부분의 종교들은 '서로 사랑하라'는 좋은 교리를 갖고 있단다. 하
지만 니체가 살던 시대에는 기독교가 유럽 사회 전체에 큰 영향을 미치고
있었어. 그 정도로 영향력을 가질 정도면 권력이 생기게 마련이고 그만큼
폐단도 많이 발생하지. 종교를 통해 구원받을 수 있다는 생각에 사람들이 무
조건적으로 종교에 매달리기도 했어. 물론 현재에도 그렇게 무조건적으로
종교를 맹신하는 광신도들이 있어서 가끔 텔레비전에 나오기도 하지 않니?"

"맞아요. 전에 텔레비전에서 봤는데, 어떤 사람이 구원을 받기 위해서 가
족을 팽개치고 재산도 몽땅 사이비 종교 집단에 갖다 바쳤대요. 그런데 나
중에 그 사이비 종교의 교주가 사기죄로 잡혀 들어가자 그 사람은 자살했
대요."

"그래, 맞아. 대부분의 사람들은 현재의 처지에 만족하지 못하고 항상 무

언가를 더 갖기를 원해. 자신이 죽은 후에 고통 없이 사후 세계에서 살기를 바라는 것 역시 욕심이라고 할 수 있어. 그래서 자신이 믿는 신에게 소망하는 것을 이루어 달라고 기도를 드리는 거야. 하지만 대부분의 사람들은 신과 종교의 참된 의미를 잊은 채 신을 자신이 가진 욕심을 이루어 주는 수단으로 생각하게 된 거야. 니체는 특히 기독교를 비판했는데, 사실 그 비판은 기독교만을 향한 것이 아니라 종교를 왜곡하는 사람들을 향한 것이라고 할 수 있어."

– 《니체가 들려주는 슈퍼맨 이야기》 중에서

생각 쓰기

1 교리

교리란 각각의 종교가 갖고 있는 기본 원리를 말한다. 예를 들어, 기독교에서는 하나님의 본질이 어떠어떠한 것이며 인간의 본성과 의무는 어떠한 것이고 또 교회란 어떠어떠한 것이라는 정해진 내용이 있다. 이런 것이 바로 교리이다.

2 구원

보통은 위험이나 어려움에 빠진 사람을 구해 주는 것이 구원이다. 하지만 기독교에서는 사람을 죄악에서 벗어나게 하는 것을 구원이라 한다. 기독교에 따르면 사람은 날 때부터 죄를 짓고 있는데 하나님의 말씀을 열심히 따르고 죄를 뉘우치면 구원을 받을 수 있다고 가르친다.

3 사후 세계

사후 세계는 사람이 죽은 후에 간다고 하는 세계이며, 저승이라고도 한다. 원시 종교이든 아니면 불교, 이슬람교, 기독교와 같은 고등 종교이든, 대부분의 종교는 이러한 사후 세계를 설정하고 있다. 인간의 과학으로는 이런 세계가 실제로 존재하는지 아닌지를 증명하기 어렵다.

아비투어 철학 논술

예시 답안

① 니체는 독일의 철학자로, 목사의 아들로 태어났다.

② 니체는 청소년 시절에 그리스, 로마 문학과 음악을 좋아했다.

③ 니체는 대학에서 신학과 고전문학을 공부했고 쇼펜하우어의 철학에서 큰 영향을 받았다.

④ 니체는 25세의 나이로 스위스 바젤대학의 교수가 되었다.

⑤ 니체는 프로이센—프랑스 전쟁에 참전했다가 병에 걸렸고, 이때 잃은 건강을 평생 회복하지 못했다.

⑥ 니체는 작곡가 바그너의 영향을 받아 《비극의 탄생》이란 책을 썼다.

⑦ 니체는 투병 생활을 하는 동안 많은 책을 썼는데, 이가운데 《차라투스트라는 이렇게 말했다》가 대표작으로 꼽힌다.

⑧ 니체는 정신 착란 증세를 일으키고 나서 1년 만에 사망했다.

⑨ 니체는 오늘날 가장 인기 있는 철학자 중 한 사람이다.

주 제 탐 구 **01**강 힘에의 의지와 동정심

case 1 니체는 '힘에의 의지'로 이 세상의 모든 것을 설명할 수 있다고 생각했다. 니체에 따르면, 힘에의 의지란 자기 자신을 실현하려는 힘이나 충동 또는 욕망인데, 바로 이것이 이 세상에 존재하는 것들이 지니고 있는 가장 내적인 본성이다. 즉 이 세상에 존재하는 것들, 특히 생명체들은 모두 힘에의 의지를 가지고 있으며, 그 때문에 자신을 실현하고 성장시키고 확대시키려 한다.

예를 들어, 식물이 씨앗에서 자라 하나의 나무로 성장하고 또 다른 씨앗을 뿌리는 것, 동물들이 자라나고 풀을 뜯어먹거나 다른 동물을 잡아먹는 것, 같은 동물들끼리 서로 힘 겨루기를 하는 것 등은 모두 힘에의 의지 때문이다. 즉 살아남아 자신을 실현하려 하는 힘에의 의지가 동식물의 세계에서 원초적인 요인으로 작용하고 있는 것이다. 따라서 동식물의 세계에서 나타나는 제각기 다른 현상은 힘에의 의지가 발현되고 있는 다양한 모습에 불과하다.

동물 중에서 가장 뛰어난 지능을 가지고 있는 사람도 마찬가지로 힘에의 의지를 갖고 태어난다. 사람이 끊임없이 뭔가를 추구하고 소유하려 하는 것은 힘에의 의지를 갖고 있기 때문이다. 식욕을 느끼는 것과 같은 본능적 욕구는 물론이고 좋은 물건을 갖고 싶어 하며 좋은 집에서 살고 싶어 하는 것, 사랑하는 사람을 가까이 두고 싶어 하는 것, 사람들의 사랑과 관심을 받고 싶어 하는 것, 공부를 잘하고 싶어 하는 것, 사회적으로 높은 지위에 오르고 싶어 하는 것 등은 바로 힘에의 의지 때문이다.

그런데 이러한 힘에의 의지는 아무런 장애 없이 펼쳐질 수는 없다. 식물과 동물 그리고 동물과 동물이 각자 힘에의 의지를 실현하려는 가운데 서로 충돌하고 갈등하고 경쟁하는 것처럼, 사람들은 이 세상의 다른 존재들과 특히 다른 사람들과 늘 갈등하고 경쟁한다. 이러는 가운데 갈등과 경쟁에서 이기는 사람과 지는 사람, 힘에의 의지를 더 많이 실현하는 사람과 더 적게 실현하는 사람이 늘 생기게 마련이다.

니체는 자기 자신만 생각하는 이기주의는 올바른 삶의 태도가 아니라고 말했다. 이기주의를 버리고 다른 사람에게 베푸는 것이 중요하다고 보았던 것이다. 더욱이 어떤 대가나 보상을 바라지 않고서 자신이 가진 것을 스스럼없이 남에게 주는 것이야말로 칭찬할 만한 태도라고 생각했다. 니체의 말처럼 모든 사람이 이런 태도를 갖고서 서로서로 베푼다면 세상은 참으로 행복하고 밝은 곳이 될 것이다.

하지만 니체는 이런 베풂의 자세가 동정심과는 엄연히 다른 것이라고 보았다. 어떤 사람에게 동정심을 품는다는 것은 엄격히 따지면 그 사람을 나보다 못하다고 보는 것이다. 그리고 남이 나를 동정해 주기를 바라는 것은 내가 남보다 못하다는 생각을 하는 것이다. 다시 말해 자신이 노예처럼 다른 사람에게 굴종하는 사람이라고 생각하는 것이다. 니체가 볼 때 이 모든 것, 즉 동정심을 느끼는 것이나 동정심을 바라는 것은 모두 바람직한 삶의 태도가 아니다.

니체에 따르면, 동정심에서 누군가를 도우면 동정심을 원하는 사람을 자꾸 만들어 내게 된다. 다시 말해 노예의 마음을 가진 사람들을 만들어 내는 것이다. 다른 사람을 돕고 뭔가를 줄 때도 그 사람에 대한 존중심을 잃지 않아야 한다. 그리고 그런 도움은 인간이 서로를 동정하는 게 아니라 배려한다는 차원에서 이루어져야 한다.

case 1 이 세상에 똑같은 것은 전혀 없다. 예를 들어 장미꽃은 얼핏 보면 모두 비슷비슷하지만 그 어느 것도 다른 것과 같지 않다. 똑같은 장미꽃은 과거와 현재 그리고 미래에 이르기까지 절대로 없을 것이다. 이는 유전자 복제를 하더라도 마찬가지이다. 유전자 복제를 했을 때도 세포 하나하나와 미세한 성분까지 동일할 수는 없기 때문이다. 또 공장에서 대량으로 찍어 낸 상품들도 자세히 보면 약간씩의 차이가 있다. 이처럼 세상의 모든 것은 각각 오직 하나뿐이다.

사람들도 마찬가지이다. 사람마다 외모, 성격, 기질이 전혀 다르며 쌍둥이들도 예외가 아니다. 그런데도 흔히 우리는 자신과 조금 다르다는 이유로 다른 사람을 못마땅하게 여기고 집단적으로 괴로움을 주곤 한다. 니체는 다양성을 인정하지 않는 이런 태도는 아주 잘못된 것이라고 말한다. 자기 자신이나 자기와 비슷한 것을 기준으로 삼고 이와 조금이라도 다른 것은 절대 용납하지 않으려는 태도이기 때문이다. 니체는 이런 옹졸한 마음을 버리고 바다처럼 넓은 마음을 가져야만 자기 자신은 물론 다른 사람도 행복할 수 있다고 말한다.

case 2 니체가 말하는 초인(위버멘시)은 쉬지 않고 노력하는 사람, 현재의 모습에만 머물러 있지 않은 사람, 늘 새로운 나로 발전하는 사람이다. 이따금 텔레비전에서는 신체적 장애를 극복한 사람의 얘기가 나온다. 가령 자동차 사고로 다리 하나를 잃었지만 피나는 노력을 거듭한 결과 마라톤을 완주했다는 얘기를 듣게 된다.

이런 사람은 니체가 말하는 초인의 예이다. 이런 사람들은 육체적 · 정신적으로 스스로를 단련시키면서 고통의 시간을 보낸 결과 남다른 성과를 거둘 수 있었던 것이다. 그래서 니체는 검은 구름을 뚫고 나온 번갯불, 먹구름 뒤의 맑은 하늘에 초인을 비유하는 것이다.

물론 누구나 이런 피나는 노력을 통해 스스로를 발전시키지는 않는다. 이런 노력은 너무 힘들고 어려운 것이며, 사람들은 어려운 것은 피하고 싶어 하는 경향이 있기 때문이다. 그래서 니체는 모두가 초인이 될 수는 없으며 진실로 용기 있는 사람만이 초인이 된다고 말했던 것이다. 자신이 처한 어려운 상황만을 탓하고 열등감에 빠지고 남을 시기하면서 정작 노력은 게을리하는 사람은 초인이 되지 못한다.

주 제 탐 구 **03**강 신은 죽었다

case 1   이따금 우리는 '우리 인간의 조상은 누구일까?' 그리고 '그 조상의 조상은 누구일까?' 라는 물음을 갖는다. 그리고 더 나아가 '최초의 인간은 어떻게 탄생한 것일까?' 라는 의문도 갖는다. 또 그러다 보면 '이 세상은 도대체 어떻게 해서 생긴 것일까?' 라는 굉장히 철학적인 의문으로까지 나아가게 된다.

오랜 옛날 사람들도 마찬가지였다. 그리고 이런 물음에 대한 답으로 생각해 낸 것이 신이다. 그러면 신은 어떤 존재일까? 신은 이 세상의 모든 것을 있게 한, 엄청난 능력을 가진 존재이다. 신은 모든 것을 알고 있고 모든 것을 할 수 있다. 세상에는 아주 많은 종교가 있다. 종교마다 신에 대한 생각은 다르지만, 신을 이처럼 전지전능한 존재로 보는 점에서는 공통점이 있다.

case 2 유럽에서는 중세 이후로 기독교가 강한 힘을 갖고 있었다. 니체가 살았던 19세기까지도 그것은 마찬가지였다. 그래서 니체가 주로 생각했던 종교는 기독교이다. 니체는 목사의 집안에서 태어났고 대학에서도 신학을 공부했지만 기독교에 대해 비판적인 태도를 가졌다.

기독교는 인간은 모두가 죄인이며 종교적 믿음을 통해서만 구원받을 수 있다고 가르친다. 그리고 이 세상의 모든 것, 행복도 모두 헛된 것이며 진정한 행복은 천국에서나 얻을 수 있다고 말한다. 그런데 이러한 기독교의 주장은 사람들의 고민거리를 아주 잘 해결해 주는 것 같다.

원래 모든 사람들에게는 근심거리가 있다. 사람은 언젠가 죽는다는 것이 그 고민의 핵심이다. 이 세상에서 아무리 많은 재산을 갖고, 온갖 쾌락을 누린다 해도 죽으면 모든 게 끝이니, 삶이란 참으로 허무하다는 생각을 하게 된다. 그런데 기독교는 죽은 후에도 삶이 있으며, 하나님만 충실히 믿으면 저 세상에서 행복할 수 있다고 말한다. 그렇기 때문에 많은 사람들이 기독교에 매달리게 되는 것은 어쩌면 자연스러운 일일 것이다.

그러나 니체에 따르면, 이 모든 것은 그릇된 것이다. 기독교의 약속도 가짜이며, 사람들이 내세에 대해 품는 희망도 헛된 욕심 때문이라는 것이다. 게다가 그런 희망에 지나치게 매달리다 보면 사람들은 현재 생활에 점점 더 큰 불만을 느끼고 지금의 생활을 제대로 할 수 없게 된다는 것이 니체의 생각이었다.

Abitur

예수가 들려주는 십자가 이야기

저자_양일동

광주신학교와 전남대학교 철학과를 졸업하고 동 대학원에서 석사 학위를 받았다. 현재 전남대 철학과 박사 과정 중에 있다.

예수

Jesus Christ

예수는 누구일까? 다음 글을 읽고 예수는 어떤 분이었는지 요약 하시오.

예수는 지금으로부터 2,000여 년 전 이스라엘의 유다 지방에 있는 한 마구간에서 태어났다. 그의 어머니 마리아는 그때까지 아직 남자를 가까이 하지 않은 처녀로 알려져 있었다. 생물학적으로 불가능한 예수의 탄생은 기독교의 가장 신비로운 사건 중 하나이다. 그의 어린 시절에 대해서는 거의 알려진 바가 없다. 그는 30세 때에 세례자 요한에게서 세례를 받으면서 활동을 시작했다.

그의 첫 가르침은 "하나님 나라가 가까이 왔으니 회개하라"는 것이었다. 하나님의 나라가 가까이 왔으므로 모두들 죄를 회개하고 예수 자신을 하나님의 아들로 믿어 구원을 받으라는 것이었다. 또한 하나님 나라의 사람들은 먼저 하나님을 사랑하고 그와 동시에 이웃을 자기 자신의 몸처럼 사랑해야 한다고 가르쳤다. '사랑'이야말로 예수의 가르침의 핵심이라고 할 수 있다. 예수는 이웃을 위해 자기 목숨까지도 다 내주는 그런 사랑이야말로 진정한 사랑이라고 말했다.

예수는 또한 사람들을 가르치면서 많은 기적도 보여 주었는데, 장님, 병

어리, 귀머거리를 고쳤고 중풍 병자와 귀신 들린 자를 고쳤으며 심지어는 죽은 사람까지도 다시 살려 내는 기적을 행하였다고 한다. 그리고 자기 자신이 죽을 것과 다시 살아날 것을 예언하였다. 마침내 그 당시 이스라엘의 종교 지도자들은 예수를 배반한 유다와 함께 예수를 붙잡고 십자가에 달려 죽게 한다.

예수는 그의 예언대로 죽은 후 3일 만에 다시 살아나 수많은 사람들에게 자신을 나타내며 자신이 가르친 것들을 잘 지키고 따를 것을 명하였다고 한다. 그리고 그들이 보는 앞에서 하늘로 올라갔다.

예수의 생애는 《신약성경》에 잘 기록되어 있다.

다음 글을 읽고 예수는 어떤 분인지, 그리고 질병을 갖고 있던 여인이 무엇 때문에 치료를 받을 수 있었는지 서술하시오.

예수가 갈 때에 수많은 사람들이 거의 그를 밀고 갈 정도였다. 한 여인이 거기에 있었는데 그녀는 20년 동안이나 피를 흘리는 질병을 앓고 있었다. 하지만 누구도 그 병을 고칠 수 없었다. 그 여인이 예수의 뒤로 와서 예수의 옷 끝을 살짝 만지자 즉시 그녀의 질병이 나았다.

"누가 나를 만졌습니까?"

예수가 말했다. 모든 사람이 자기가 아니라고 할 때에 베드로가 말했다.

"주님, 수많은 사람들이 모여들어서 밀고 있는걸요."

하지만 예수는 말했다.

"누군가가 나를 만졌습니다. 왜냐하면 내 능력이 내게서 나간 것을 느끼기 때문입니다."

그때 그 여인이 몰래 빠져나갈 수 없다는 것을 알고서 두려움에 떨며 예수의 발 앞에 나아와 무릎을 꿇었다. 그녀는 왜 자기가 예수를 만졌는지 그리고 그녀가 즉시 치료된 사실을 말했다.

그러자 예수가 그녀에게 말했다.

"여인이여, 당신의 믿음이 당신을 구하였습니다. 평안히 가십시오."

– 《성경》, 〈누가복음〉 8장 42~48절

1 이스라엘, 유다

이스라엘은 북아프리카의 이집트와 지중해의 터키 사이에 위치한 조그만 나라이다. 예수가 살던 당시의 이스라엘은 갈릴리, 사마리아, 유다의 세 지방으로 나뉘어 있었다.

2 세례

하나님을 믿고 그를 따르겠다고 다짐하는 사람들에게 주는 교회 예식 중의 하나이다. 온몸을 물에 들어가게 한 후 나오게 하는 침례와 간단하게 손으로 물을 찍어 머리에 바르는 방법이 있다. 다른 사람들 앞에서 세례를 함으로써 자신이 하나님 나라의 시민이 되었음을 알린다.

3 《신약성경》

기독교의 《성경》은 《구약성경》과 《신약성경》으로 나뉜다. 구약은 예수가 태어나기 전에 쓰였고 앞으로 예수의 탄생과 하게 될 일들을 예언한 책이다. 신약은 예수가 태어나서 행한 일들을 기록한 책이다.

01강 아기 예수의 탄생

case 1 다음은 예수의 탄생에 관한 《성경》의 이야기이다. 요셉과 마리아가 마구간에 머물게 된 이유는 무엇인지 서술하시오.

그때에 가이사 아구스도 왕이 법을 만들어 로마에 속한 모든 사람들의 인구를 조사하게 하였다. 이것은 사람들에게 쉽지 않은 일이었다. 왜냐하면 모든 사람이 인구조사를 위해 자기의 고향으로 돌아가야만 했기 때문이다. 요셉도 갈릴리 나사렛 동네에서 유다, 다윗의 동네인 베들레헴으로 가야만 했다. 하지만 그들에게 이 일은 더욱 힘든 일이었다. 마리아가 아이를 임신하였기 때문이다. 요셉과 결혼하기 전, 마리아는 이미 배 속에 예수를 가지고 있었다.

먼 길을 걸어 요셉이 마리아와 함께 베들레헴에 도착하였을 때 그들이 머물 만한 여관은 어디에도 없었다. 그곳은 인구조사 때문에 모여든 사람들로 가득했고 여관은 붐볐기 때문에 그들이 쉴 만한 빈 방을 찾을 수 없었던 것이다. 마리아는 그때 곧 아이가 나오려는 것을 느꼈다. 그래서 그들은 여관 근처에 있는 마구간으로 서둘러 들어가게 되었다. 여러 짐승들과 지저분한 냄새로 가득 찬 그 마구간에는 마리아를 도와줄 사람이 아무도 없었지만, 마리아는 그곳에서 건강한 예수를 낳고 깨끗한 천으로 싼 뒤 말의 구유에 눕혔다.

그때 근처에서 양을 치고 있던 목자들이 천사가 알려 준 대로 마구간을 향하여 왔다. 그들은 말구유에 누인 아기 예수를 보며 너무도 기뻐하였다. 그들이 그토록 오랫동안 기다렸던 그들의 왕이 태어났다고 믿었기 때문이다. 목자들이 떠난 얼마 후에 동방으로부터 온 박사들이 예수를 찾아왔다. 그들은 하늘에 새로이 떠오른 밝은 별을 따라 아기 예수가 있는 곳까지 왔다고 하면서 여러 귀중한 선물을 아기 예수에게 주고 돌아갔다.

생각 쓰기

----

case 2 요셉과 마리아 그리고 아기 예수가 누워 있는 마구간에는 많은 동물들이 자리 잡고 있었을 것이며 동물들의 오물과 배설물로 더럽고 지저분하며 냄새도 났을 것이다. 아래 글을 읽은 후 아기 예수가 누워 있는 마구간을 상상해 서술해 보시오.

농장의 동물들이 헛간으로 하나 둘 모여들어 각각 자기의 자리를 잡고 앉았다. 맨 처음 도착한 동물은 세 마리 개들, 블루벨, 제시, 핀처였다. 그 다음으로 돼지들이 들어와 연단 앞의 짚단 위에 앉았다. 창 쪽으로 암탉들이 올라가 앉았고 비둘기들은 지붕 밑으로, 그리고 양과 암소들은 돼지들 뒤에 앉아 이미 되새김질을 시작했다. 수레를 끄는 말 복서와 클로버가 함께 도착했는데 그들은 혹시 짚 더미 밑에 조그만 동물들이 숨어 있다가 자기들의 발굽에 밟힐까 봐 조심조심 걸어서 들어왔다. (……) 그 다음으로 흰 염소 뮤리엘과 당나귀 벤자민이 도착했다. (……) 복서와 클로버가 자리에 앉을 때 마침 어미 잃은 오리 새끼들 한 떼가 헛간으로 몰려 들어와 발에 밟히지 않을 안전한 장소를 찾느라 이리저리 소란스럽게 돌아다녔다.

– 조지 오웰, 《동물농장》 중에서

1 가이사 아구스도

예수가 태어났던 당시 이스라엘은 로마의 지배를 받고 있었다. 가이사 아구스도는 그 당시 로마의 황제였다.

2 나사렛

예수가 베들레헴에서 태어난 후 옮겨 가 살았던 갈릴리 지역의 마을이다. 그곳에서 예수는 그의 아버지 요셉과 목수 일을 하면서 서른 살까지 살았다. 그래서 예수는 이후 '나사렛 사람'이라고 불렸다.

3 구유

가축에게 먹이를 담아 주는 그릇이나 통을 말합니다. 보통 돌이나 나무에 홈을 깊이 파서 만든다.

4 천사

하나님을 섬기고 인간을 보호하는 일을 하는 영적인 존재를 말한다.

02강 '사랑하라'

case 1 예수는 하나님을 사랑하고 이웃을 내 몸과 같이 사랑하라고 말했다. 다음 글을 읽고 강도를 만난 사람의 진정한 이웃이 왜 사마리아인인지 그 이유를 서술하시오.

한 번은 한 율법사가 예수를 시험하려고 물었습니다.

"선생님, 내 이웃이 누구입니까?"

예수가 대답하였습니다.

"한 사람이 예루살렘에서 여리고로 내려가는 도중에 강도를 만났습니다. 강도들은 그 사람의 옷을 벗기고 때린 후 거의 다 죽게 되었을 때 그를 남겨 두고 도망갔습니다. 그때 한 제사장이 그곳을 지나가게 되었습니다. 그가 강도 만난 사람을 보았을 때 그는 다른 편으로 슬쩍 피해 지나가 버렸습니다. 조금 지나 한 레위인이 그곳에 나타났습니다. 그 또한 모른 체 슬쩍 지나가 버렸습니다. 얼마 후 마침 여행 중이던 한 사마리아 사람이 그곳을 지나가다 그를 보고 불쌍히 여겨 다가갔습니다. 그는 강도 만난 사람의 상처를 붕대로 감아 주고 약을 발라 주었습니다. 그리고 자기 나귀에 태워 여관에 데리고 가 보살펴 주었습니다. 다음 날 이 사마리아인이 돈을 꺼내어 여관 주인에게 주며 '이 사람을 보살펴 주십시오. 만약 비용이 더 든다면 나중에 제가 와서 드리겠습니다'라고 말하였습니다. 그러면 여러분은 이 세 사람 중에 누가 강도 만난 사람의 이웃이라고 생각하십니까?"

그가 대답하였습니다.

"강도 만난 사람에게 자비로운 사람입니다."

예수가 그에게 말하였습니다.

"가서 당신도 그렇게 행하십시오."

– 《성경》, 〈누가복음〉 10장 29~37절

생각 쓰기

그때 베드로가 예수에게로 와서 물었습니다.

"주님, 만약 내 친구가 내게 죄를 지었을 때 몇 번이나 용서를 해 주어야 합니까? 일곱 번이 넘도록 용서해 주어야 합니까?"

예수가 대답하였습니다.

"일곱 번뿐 아니라 일흔 번씩 일곱 번이라도 용서해 주어야 합니다. 그러 므로 하늘나라는 그의 종들과 계산하려는 어떤 왕에게 비길 수 있습니다. 그에게 일만 달란트 빚진 종이 있는데, 그는 갚을 것이 하나도 없었습니다. 왕은 그에게 그의 아내와 자녀와 그가 가진 모든 것을 팔아서라도 그 빚을 갚으라고 명령하였습니다. 그러자 종은 무릎 꿇고 엎드려 빌면서 말했습니 다. '제발 참아 주십시오. 제가 모두 다 갚겠습니다.' 그 종의 주인은 그를 불쌍히 여겨 그의 빚을 모두 없애 주고 그를 자유롭게 돌아가도록 해 주었 습니다. 그런데 그 종이 밖으로 나갔을 때 자기에게 백 데나리온을 빚진 사 람을 만나게 되어 그의 멱살을 붙잡고 말하였습니다. '내게 빚진 것을 다 내 놔!' 그의 친구가 무릎을 꿇고 빌며 간청했습니다. '제발 조금만 참아 줘. 내가 다 갚을게.' 하지만 그 종은 그것을 거절하고 친구가 돈을 다 갚을 수 있을 때까지 감옥에 가두어 버렸습니다. 다른 종들이 이 일을 보고 매우 불쾌하게 생각하여 그들의 주인에게로 돌아가 모든 것을 얘기하였습니다. 그러자 주인은 그 종을 붙잡아 와서 말했습니다. '이 나쁜 종아, 네가 나에게 빌기에 내가 너의 모든 빚을 없애 주었는데, 너도 나처럼 너의 친구에게 자비를 베풀어야 하지 않겠느냐?' 라고 말하고 분노하여 그를 감옥에 넣어 버렸습니다. 여러분, 여러분도 이와 같이 진심으로 다른 사람을 용서하지 않으면 하나님께서도 이 주인처럼 행하실 것입니다."

-《성경》, 〈마태복음〉 18장 21~35절

생각 쓰기

안식일에 예수가 회당에서 가르치고 있었습니다. 거기 18년 동안 귀신에 의해 부자유스러운 몸을 한 여인이 있었습니다. 그녀는 몸이 구부러져서 조금도 펴 보지 못했습니다. 예수가 그녀를 보았을 때 그녀를 앞으로 불러서 말했습니다.

"아주머니, 이제 당신의 질병으로부터 벗어났습니다."

그리고 예수는 그의 손을 그 여인에게 대었는데 그녀가 즉시 몸을 펴고 하나님을 찬양했습니다.

안식일에 예수가 치료를 했으므로 회당장은 분노하여 사람들에게 말했습니다.

"일할 날이 6일이나 있으니 안식일이 아닌 그때에 와서 치료를 받으시오."

예수가 그에게 말했습니다.

"위선자여, 당신들은 각자 안식일에 소나 당나귀를 마구간에서 풀어 끌고 나와 물을 주지 않습니까? 그러면 아브라함의 자손인 이 여인이 마귀에게 18년 동안이나 묶여 있었는데 안식일에 그 묶인 것을 풀어 주어야 하지 않겠습니까?"

그가 이 말을 했을 때 그를 반대했던 모든 사람들은 부끄러워졌고 사람들은 예수가 하는 놀라운 일들로 기뻐하였습니다.

- 《성경》, 〈누가복음〉 13장 10~17절

생각 쓰기

주 요 개 념 및 배 경 지 식

1 사마리아인

예수가 살았을 당시의 이스라엘은 갈릴리, 사마리아, 유다의 세 지방으로 나뉘어 있었다. 사마리아 지역에 사는 사람들을 사마리아인이라고 부르는데, 그 당시 다른 지역 이스라엘 사람들은 사마리아 사람들을 낮추어 보고 경멸하였다. 그것은 사마리아 사람들은 대부분 다른 민족과 결혼한 사람들이거나 그들의 자녀들이었기 때문이다. 순수한 이스라엘 민족만 가장 훌륭하다고 생각했던 이스라엘 사람들에게 예수는 가장 천대받는 지역 사람을 들어 진정한 이웃에 대해 가르쳐 준 것이다. 민족이나 피부색이 다르고 언어가 달라도 누구나 우리의 진정한 이웃이 될 수 있다는 것이다.

2 율법사

모세는 《성경》의 맨 앞 다섯 권(창세기, 출애굽기, 레위기, 민수기, 신명기)을 직접 썼는데, 이스라엘 사람들은 이 다섯 권을 가장 성스러운 하나님의 말씀으로 받아들였다. 율법사들은 이 《성경》을 전문적으로 연구하는 학자들이었다. 그래서 그들은 다른 사람들로부터 늘 존경을 받았다. 하지만 그들은 성경의 본래 의미를 파악하지 못하고 오히려 그 형식에만 집중함으로써 예수로부터 심한 질책을 받았다.

3 레위인, 제사장

레위인은 이스라엘 열두 부족 중 한 부족인 레위 부족 사람들을 말한다. 그들은 성전에서 일하는 사람들이었다. 레위인 중 몇 사람은 제사장이 되어 성전 안 깊은 곳까지 들어가 하나님께 제사를 드렸다. 그러므로 이들은 모두 일반 시민들로부터 존경을 받았고 그들의 말과 가르침은 사람들 사이에서도 큰 권위를 가졌다. 하지만 예수는 이들이 하나님의 뜻을 가장 왜곡시키고 사람들을 잘못된 길로 가도록 가르친다고 책망하였다.

4 데나리온, 달란트

그 당시 사용되던 돈을 세는 단위이다. 1데나리온은 노동자의 하루 품삯에 해당한다. 또 1달란트는 6,000데나리온이었다. 그러므로 일만 달란트는 셀 수 없을 정도로 많은 액수의 돈이다. 백 데나리온도 적은 돈은 아니지만, 일만 달란트에 비한다면 보잘것없는 액수라고 할 수 있다.

5 안식일

《성경》에 보면 하나님이 이 세상 모든 것을 만들고 일곱 번째 날에 쉬었다고 한다. 그래서 이스라엘 사람들은 이 일곱 번째 날을 안식일이라 부르며 아무 일도 하지 않고 오직 하나님께 예배드리고 집에서 쉬었다. 그리고 이 안식일에 일을 하는 것은 큰 죄로 여겼다. 그들은 안식일에는 가까운 곳도 돌아다니지 않았고 물건을 사고팔거나 아주 단순한 집안일마저도 하지 않아야 한다고 생각했다.

6 회당, 회당장

이스라엘 사람들이 모여서 예배를 드리거나 《성경》을 공부하던 장소이다. 이곳의 일을 맡아서 보았던 사람을 회당장이라고 한다.

① 예수는 2,000여 년 전에 유다 지방의 한 마구간에서 태어났다.

② 예수는 남자를 가까이 하지 않은 마리아에게서 태어났다.

③ 예수는 하나님을 사랑할 것과 이웃을 자기 자신처럼 사랑할 것을 가르쳤다.

④ 예수는 남을 위해 자기 자신을 희생할 수 있는 사랑이 진정한 사랑이라고 가르쳤다.

⑤ 예수는 자신의 예언처럼 이스라엘의 종교 지도자들에게 붙잡혀 죽고 3일 만에 다시 살아났다.

예수는 모든 것을 알고 있는 분이다. 수많은 사람들이 그를 둘러싸고 밀고 가는 중에도 누군가가 병이 낫기를 바라는 마음에 그의 옷을 만졌다는 걸 알았다. 그는 그의 능력이 빠져나가는 것을 알았고 누구에 의해 그런 것인지도 알았을 것이다.

또 예수는 아무리 고치기 어려운 질병도 고치는 분이다. 20년 동안 질병으로 인해 고통당했던 이 여인의 질병이 단지 예수의 옷을 만지는 것만으로도 나았다. 이러한 그의 능력은 그가 하나님의 아들이기 때문에 가능할 것이다.

질병으로 고생하던 이 여인은 예수의 옷 끝을 만졌다. 그녀는 예수의 옷자락만 만져도 병이 나을 것이라는 믿음을 갖고 있었을 것이다. 그런 믿음에 대해 예수는 칭찬을 해 주고 있다. 이 여인이 갖고 있던 질병의 치료는 그녀의 믿음에 의해 가능했던 것이다.

case 1 　가이사 왕이 인구 조사를 명령했기 때문에 요셉과 마리아는 그들의 고향
으로 가야만 했다. 요셉과 마리아가 베들레헴에 도착했을 때 그곳은 인구
조사를 위해 몰려온 사람들로 가득했다. 그래서 그들은 빈방을 얻지 못했던 것이다.
아마 그들은 빈방이 있는 여관을 찾아보았을 것이다. 요셉과 마리아는 어디든 들어가
서 아이 낳을 준비를 해야 했을 것이다. 그들이 발견한 곳은 가축들이 사는 마구간이
었다. 그곳에서 잠을 자는 사람은 없었으므로 그들은 그곳에 들어가 쉴 수 있었고 아
기를 낳을 수 있었던 것이다.

case 2 　마구간엔 여행하는 사람들이 끌고 오거나 타고 온 낙타와 나귀가 몇 마리
있다. 짐승들 밑으로는 지저분한 흙과 풀, 배설물이 섞여 있어 냄새가 난
다. 그 앞에 놓여 있는 몇 개의 작은 여물통 중 하나에 아기 예수가 눕혀져 있다. 마리
아는 그 옆에 기대어 앉아 있고 요셉도 여행으로 인해 지치고 피곤해진 몸을 쉬기 위
해 앉아 있었다.

　다른 한쪽엔 짐승들을 위해 마른 풀을 쌓아 두었고 그 속에 집을 만들어 둔 생쥐가
몇 마리 숨어 있다. 마른 풀 더미에서 좀 떨어진 벽에 조그만 등잔불이 켜져 있다. 마
구간 어디에나 파리와 모기들이 날아다니고 있다. 오리 두 마리와 닭 몇 마리는 마른
풀을 깔고 앉아 머리를 깃털에 묻고 있다.

　마구간은 문이 없이 밖으로 트여 있는 나무로 만든 헛간이다. 밤이 깊은 마구간 앞

에는 두 개의 조그만 마차가 놓여 있고 그 사이에 개 한 마리가 잠들어 있다. 박쥐만이 온 밤이 새도록 열심히 날아다니고 있다.

주 제 탐 구 **02** 강 '사랑하라'

case 1 본문에서 강도 만난 사람의 진정한 이웃은 사마리아 사람이다. 그 이유는 그가 강도를 만난 사람을 못 본 척하지 않고 불쌍히 여기는 마음으로 돌보아 주었기 때문이다. 제사장과 레위인은 강도를 만나 곧 죽어 가는 사람을 피해 도망가 버렸기 때문에 그의 진정한 이웃이 아니다. 진정한 이웃은 어려움에 빠진 사람을 도와주고 함께 해 주는 것이다. 사마리아 사람이 강도를 만난 사람을 불쌍히 여기고 상처를 싸매 주고 치료해 주며 나중에는 여관에 맡겨 치료를 계속 받을 수 있도록 해 준 것은 너무나도 아름다운 사랑이다. 그는 자기의 바쁜 일정에도 불구하고 어려움에 처한 사람을 외면하지 않았다. 우리가 다른 사람의 이웃이 되기 위해선 언제나 서로 돌아보고 도와주며 어려움을 함께 나누어야 한다. 이런 사람이 예수가 말하는 진정한 이웃이다.

case 2 우리가 우리 이웃에게 몇 번이나 용서를 해 주어야 하느냐는 베드로의 질문에 예수가 "일흔 번씩 일곱 번이라도 용서해 주라"는 것은 490번만 용서해 주라는 의미가 아니다. 그것은 무한한 용서를 말한다.

우리가 다른 사람을 용서해 주어야 하는 이유는 마치 본문의 나쁜 종처럼 우리가 이미 하나님으로부터 죄의 용서를 받았기 때문이다. 그런데 그것은 다른 무엇과도 비교할 수 없을 만큼 큰 용서라고 예수는 말하고 있다. 따라서 우리가 먼저 너무나 큰 용서를 하나님으로부터 받았기 때문에 다른 사람을 횟수에 관계없이 언제나 용서해야 한다는 것이다. 그러므로 우리에게 죄를 지은 사람이 용서를 구하면 우리는 반드시 용서를 해 주어야 한다. 그것이 하나님이 원하시는 것이다.

case 3 회당장은 안식일에 치료받는 일을 해서는 안 된다고 생각했다. 그래서 예수와 다른 사람들에게 안식일이 아닌 다른 날 동안에 치료를 받으라고 했다. 그들은 병든 사람의 치료보다도 안식일에 일을 하지 않는 게 더 중요하다고 생각했다. 사실 그들도 안식일에 자기 소유의 소나 당나귀에게 물을 주는 일을 하고 있었다. 그러면서도 안식일을 이유로 하여, 예수의 치료 행위를 하지 말라고 하는 것은, 그들에게 어려운 이웃을 돕고자 하는 마음이 없었기 때문이다.

그러나 예수는 안식일보다 사람의 문제를 해결해 주는 것이 더 중요하다고 말하고 있다. 우리에게 주변의 어려움에 처한 사람들을 돕는 날이 정해져 있는 것이 아니다. 우리가 도울 수 있을 때 도와야 한다. 정해진 시간 외의 다른 시간에는 사람들을 도울 수 없다는 생각은 회당장의 생각과 똑같다. 예수는 우리가 어느 때나 어느 곳에서나 다른 사람을 도와야 한다고 말하고 있다.

Abitur

철학자가 들려주는 철학이야기 020

뒤르켐이 들려주는 자살론 이야기

저자_박민수

연세대학교 독문과를 졸업하고 동 대학원에서 석사 학위를 받았다. 지금은 독일 베를린 자유대학에서 '근대 미학에서 미적 가상의 개념'이란 주제로 박사 논문을 준비하고 있다. 전문 번역가로도 일하고 있으며, 그동안 번역한 책으로는 《우리의 포스트모던적 모던》, 《데리다-니체, 니체-데리다》, 《신의 독약》, 《책벌레》, 《크라바트》 등이 있다.

뒤르켐

Emile Durkheim

다음 글을 읽고 뒤르켐이 어떤 사람인지 요약하시오.

뒤르켐(1858~1917)은 프랑스의 로렌 지방에서 태어나 유대교 랍비 가문에서 자랐다.

그가 성장하던 시기에 프랑스는 프러시아와의 전쟁에서 패하고 '파리 코뮌'이라는 유혈 봉기를 겪는 등 혼란스러운 상태였다. 사회의 이러한 혼란상은 훗날 그의 사상과 학문에 큰 영향을 주었다.

뒤르켐은 열여덟 살에 명문 파리 고등사범학교에 입학하여 사회학, 정치학, 철학을 공부했다. 고등사법학교를 졸업한 그는 지방 국립 고등학교에서 철학을 가르쳤고, 독일을 여행하면서 경제학과 민속학, 문화인류학을 공부하기도 했다.

1887년 보르도 대학의 교수가 되었고 5년 후에 소르본 대학으로 자리를 옮겨 사회학을 가르쳤다. 1906년 소르본 대학의 정교수로 임명된 뒤 새로운 학문인 사회학의 보급에 힘썼다.

그는 《사회학 연보》라는 잡지를 창간하기도 했는데, 이 잡지는 당시 프랑스 지식인들 사이에서 널리 읽혔다.

　그는 사회학 연구에서 실증주의 방법을 중시했으며, 집단의식이나 집단의 도덕심 형성에 큰 관심을 가졌다. 또 도덕 교육의 확산과 실천에도 평생 열정을 바쳤다. 대표적 저술로는 《사회분업론》, 《자살론》, 《종교 생활의 기본 형태》 등이 있다.

1 유대교

유대교는 유대 민족의 민족 종교를 말한다. 유대교는 기독교나 이슬
람교와 마찬가지로 오로지 하나의 신만이 존재한다고 믿는 유일신교
이다.

2 랍비

랍비는 유대교에서 영적 지도자나 종교적 스승이 될 자격을 갖춘 사
람을 말한다. 따라서 랍비는 유대인들 사이에서 존경 받는 사람이다.

3 프로이센-프랑스 전쟁

프로이센—프랑스 전쟁은 말 그대로 프로이센과 프랑스 사이의 전쟁
이다. 19세기 말까지 독일은 크고 작은 여러 국가로 분할되어 있었고 아
직 통일 국가를 이루지 못하고 있었다. 이처럼 분열된 독일의 여러 국가
중 가장 강력 국가인 프로이센은 비스마르크 재상의 주도 아래 통일을
이루려는 정책을 폈다. 그러자 이웃나라인 프랑스는 이를 저지하려 했

고, 이 때문에 두 나라 사이에서 전쟁이 일어났다. 두 나라의 전쟁은 프로이센의 승리로 끝났고, 프랑스는 막대한 액수의 전쟁 배상금을 지불해야 했다. 그리고 독일은 통일 국가를 수립했다.

4 파리 코뮌

파리 코뮌은 1871년 프랑스 정부에 대항해서 다수의 파리 시민이 일으킨 봉기를 말한다. 이 봉기는 프랑스가 프로이센과의 전쟁에 패배한 직후에 일어났다. 봉기는 약 3개월간 계속되다가 정부군에 의해 진압되었다. 이 봉기에서 반란자들 약 2만 명과 정부군 750명가량이 죽었다.

파리 코뮌은 파리 시민과 노동자들에 의해 설립된 최초의 노동자 정부라는 점에서 그 의의가 있다.

5 문화인류학

문화인류학은 인류학의 한 분야다. 인류학은 인류의 다양한 집단이 가진 신체적 특징이나 풍습, 사회 구조 등을 비교하고 연구하는 학문이다. 인류학 중에서 문화인류학은 특히 문화 측면에 초점을 맞추어서 인류에 관해 연구하는 학문이다. 인류학이라 불릴 수 있는 학문은 아주 오랜 옛날부터 있었다. 하지만 문화인류학은 18세기 중반에서야 시작되었다.

6 사회학

사회학은 간단히 말해서 인간이 사는 사회에 관해 연구하는 학문이다. 개인들이 모여 사는 사회는 대개 복잡한 구조를 갖고 있다. 사회학은 이러한 구조를 알아내기 위해서 개인과 집단의 관계, 사회의 여러 제도와 풍습 등을 연구한다.

7 실증주의

실증주의는 인간이 경험적으로 확인할 수 있고 과학적으로 증명된 사실과 현상만을 철학의 대상으로 삼으려는 철학 운동을 말한다. 실증주의는 신이나 이 세상의 기원과 원리에 대해 관념적으로, 다시 말해 경험과 무관한 생각만으로 알려고 했던 과거의 철학을 비판하는 입장이다. 이러한 실증주의는 프랑스의 철학자 오귀스트 콩트에 의해 시작되었다.

01강 개인과 사회

case 1 다음 글을 읽고 '인간은 사회적 존재이며 사회의 영향을 받지 않을 수 없다'는 말의 의미를 설명하시오.

"뒤르켐은 개인이 사회의 영향을 받는 존재라고 하였습니다. 따라서 개인의 행동이나 생각은 개인이 속한 사회의 영향을 받을 수밖에 없는 것이지요. (……) 예를 들면, 아랍에서는 한 남자가 여러 여자를 아내로 맞이할 수 있는 일부다처제가 허용이 되어 있습니다. 하지만 우리 사회에서는 일부일처제가 법으로 정해져 있지요? 혹시 일부다처제를 원하는 사람이 있다 하더라도 한국 사회에서 한국인들은 일부일처제의 관습을 자연스럽게 따르지요. 즉 내가 살고 있는 사회가 정한 일부일처제의 결혼 제도가 그 사회 안에 살고 있는 개인을 구속하고 지배하는 것이지요. 이처럼 개인의 행동과 생각을 직접적으로, 또 간접적으로 지배하고 구속하는 힘을 사회적 사실이라고 한답니다."

"하긴 요즘 사람들이 아무리 자유롭고 개성이 넘친다 해도 혼자 섬에서 사는 게 아니라면 그런 사회적 사실들을 무시할 수는 없겠죠. 언젠가 버스에 타는 아저씨가 멀쩡히 신문을 읽다가 갑자기 눈을 감고 자는 거예요. 아!
일하느라 피곤하신가 보다 하고 생각했는데, 글쎄 알고 보니 꼬부랑 할머니
가 버스에 탔는데 자기 앞으로 와서 서니까 자리를 양보하기 싫어서 자는
척했던 거죠. 결국 뒷자리에 앉았던 학생이 일어나서 자리를 양보하더라고
요. 그런데 버스에 탔던 사람들 모두 그 아저씨가 버스에서 내릴 때까지 노
려보는 거 있죠, 호호호. 이런 것이 사회의 힘이 아니겠어요?"

문화면이 혼자서 신이 나 까르르 웃으며 말했다.

"네, 맞습니다. 그런 것도 모두 개인이 사회 속에서 사회의 영향을 받으며
살고 있다는 증거이지요."

– 《뒤르켐이 들려주는 자살론 이야기》 중에서

생각 쓰기

다음 글을 읽고 뒤르켐이 말한 '규범'이 무엇인지 그리고 '사회화'가 무엇인지 서술하시오.

그럼 규범은 무엇입니까? 규범은 사람들이 어떤 행동을 할 때 그 행동의 기준이 되며, 그 행동을 옳거나 그르다고 판단할 수 있는 잣대가 되는 것을 말하지요.　　　　　　　　　　　　　　　 – 《뒤르켐이 들려주는 자살론 이야기》 중에서

"그러면 규범이 무엇인지부터 알아야 하지 않겠어요? 규범이란 법 같은 것이겠지요?"

문화면이 논설면에게 물었다.

"어디 보자……어디쯤 그 내용이 있더라. 아, 여기 있군요. 그렇습니다. 규범에는 법과 같은 강제력을 갖는 것도 있지만 식사 예절이나 옷 입는 법과 같은 일상생활에서의 에티켓도 규범의 일종이지요. 또한 우리나라 사람들이 효를 중요시하는 것과 힌두교도들이 소를 신성시해서 소고기를 먹지 않는 것 등도 모두 그 사회만의 중요한 도덕적 가치들이라고 할 수 있지요. 이러한 규범을 그 사회에 속한 사람들이 지켜야만 할 것으로 받아들이고 배우는 것을 사회화라고 합니다.

– 《뒤르켐이 들려주는 자살론 이야기》 중에서

㉮ "뒤르켐은 인간이 순응적이고 동물적인 수준을 뛰어넘을 것을 요구하였다는군요. 뒤르켐은 사람들의 도덕성을 함양시키기 위해 어려서부터의 도덕교육이 중요하다고 말했습니다. 기본적으로 교육은 아이들에게 기술을 가르치는 목적이 아닌 가장 근본적인 수준의 인성을 가르치고, 인간의 존엄성에 대한 존경심을 심어 주어야 한다고 뒤르켐은 말했지요."

– 《뒤르켐이 들려주는 자살론 이야기》 중에서

㉯ "장태양 군은 우연히 엄마의 앨범에서 엄마가 수개월 동안 반찬거리들을 주며 돌보았던 사람들이 엄마에게 보낸 감사의 편지를 읽게 되지요. 그 사람들은 바로 돌아가신 아버지가 목숨을 건져 구했던 그 가족이었습니다."

(……)

"태양은 처음에는 너무 놀라서 엄마의 행동을 이해할 수가 없었다고 말했다는군요. 하지만 태양은 그 사실을 알게 된 후 일주일이 지난 일요일에 엄마와 함께 그 가족이 살고 있는 집으로 가게 되었어요. 그 가족은 아파트가 불에 탄 후 정부에서 지원해 준 약간의 보조금으로 얻은 지하 단칸방에서 힘들게 살고 있었어요. 그 가족은 아이의 아빠가 일찍 병으로 죽고, 엄마 혼자 힘들게 일해서 다섯 살 난 아들 규영이와 근근이 먹고 살았대요. 그런데 갑작스러운 아파트 화재로 그나마 삶의 터전이었던 집까지 잃게 된 것이었지요. 그래서 규영이 엄마는 처음엔 죽을 결심까지 했다고 합니다. 그런데 바로 그때 태양의 엄마가 규영이 가족에게 사랑의 손길을 내민 것이었지요. 태양이 엄마의 말에 의하면 그런 결심을 하기까지는 쉽지는 않았다고 하더군요. 하지만 죽은 태양의 아빠를 생각하면 그 죽음이 헛되지 않게 해야겠다는 생각을 떨칠 수가 없었대요. 규영이 엄마도 자신들 때문에 힘들었던 태양이 가족에게 부끄러운 마음이 들었대요. 그래서 다시 일도 시작하고 규영과 열심히 살아야겠다고 결심했다는군요. 태양은 이제 매주 일요일이면 영우, 진희와 함께 엄마 대신 규영의 집을 찾아가 규영이도 봐주고 엄마가 싸 주신 반찬들도 놓고 온대요. 태양이도 쉽지 않은 결정이었다고 말하고 있군요. 하지만 아빠가 지킨 그 가족의 생명을 엄마와 태양이 함께 돌보는 것, 그것이야말로 진정 아름다운 사회 속 개인의 모습 아니겠습니까?"

— 《뒤르켐이 들려주는 자살론 이야기》 중에서

1 일부일처제 / 일부다처제

일부일처제는 한 남편이 오직 한 사람의 아내와만 결혼 생활을 할 수 있게 하는 제도이다. 우리나라를 비롯한 많은 나라에서는 일부일처제를 인정하고 있다.

반면에 일부다처제는 한 남자가 여러 명의 아내와 결혼해서 살 수 있게 하는 제도이다. 이슬람권의 많은 나라에서는 일부다처제를 인정하고 있다.

2 도덕적 가치

가치는 일반적으로는 값어치, 값을 의미한다. '이 보석의 가치는 무척 크다' 고 말하는 것은 그런 의미이다. 하지만 눈에 보이는 물건에만 가치란 말을 쓰지는 않는다. '내게 사랑은 가치 있는 것이다' 에서처럼 눈에 보이지 않는 것에도 값어치를 매기기도 한다.

이런 의미의 가치는 철학과 많은 관련이 있다. 철학에서 가치는 아름다운 것, 즐거움을 주는 것, 소중한 것, 좋은 것, 바람직한 것 등, 인간의 삶에서 큰 의미를 갖는 것을 말한다. 예를 들어 건강, 생존, 돈, 재산, 사회적 지위, 우애, 인격, 미덕, 선함 등은 모두 가치이다.

그렇다면 도덕적 가치는 '도덕과 관련해서 우리에게 큰 의미를 갖는 것'이라는 의미를 갖게 될 것이다. 앞서 말한 것 중에서 우애, 인격, 미덕, 선함은 도덕적 가치라고 할 수 있다.

02강 자살

case 1 우리 인간은 어떤 일이 생기면 그 일의 원인이 무엇인지 알려고 한다. '원인과 결과', 다른 말로 '인과성'이라는 관점에서 사물이나 사건에 관해 생각해 본다는 것이다. 아래 ㉮, ㉯, ㉰의 글은 모두 자살에 관한 것이다. 이 세 개의 글은 각각 자살의 인과성을 어떻게 생각하고 있는지 설명하시오.

"태양이가 (……) 자살을 시도할 수밖에 없었던 이유에 대해 생각들 좀 해 보시라고요!"

㉮ "뭐 사람이 죽는 데 이유가 있겠습니까? 아마도 그날의 바이오리듬이 최악이었겠죠. 그날그날의 기분 상태에 따라 사람들은 괜히 우울해지기도 하고 모든 것에 대해 비관적으로 생각하기도 하나 봅니다."

㉯ "제 소견으로는 장태양 군은 심각한 정신병적 장애를 가지고 있다고 판단됩니다. 아마도 조상 중에 태양 군처럼 정신적으로 장애를 가지고 있는 사람이 분명 있을 거란 말씀입니다. 그렇지 않고서는 저렇게 어린아이가 자

살을 하려고 마음먹은 것을 설명할 방법이 없지요. 이상입니다."

다 "뒤르켐은 개인은 사회의 영향력을 벗어나서는 살 수가 없다고 했습니다. 한 사회 안에 함께 살고 있는 사람들은 모두 자연스럽게 만들어진 그 사회만의 규칙에 자연스럽게 녹아들게 되지요. 예를 들어 대한민국 사람이라면 예의를 중요시하고, 평화를 사랑하는 등의 비슷한 생각들을 하고 있는 것처럼요. 그래서 뒤르켐은 자살도 사회와의 관계 속에서 이해해야 한다고 본 것이지요."

- 《뒤르켐이 들려주는 자살론 이야기》 중에서

생각 쓰기

----

⑦ "아까 여러분이 말씀하셨던 여러 가지 자살 이야기들은 모두 뒤르켐이라는 철학자가 한 이야기에도 나와 있군요. (……) 음, 어디 보자. 요즘은 개인주의 시대라고 많이 이야기들 하지요. 모두 나만 잘난 줄 알고 나의 이익만을 가장 중요하게 생각하지요. 옛날처럼 대가족제도 안에서는 불편한 점도 많았지만 어른들과 함께 살며 가족이라는 울타리 속에서 참을성도 배우고 인내심도 배울 수 있었지요. 그러한 울타리가 없어서 힘든 일이 생겼다고 쉽게 목숨을 끊는 것을 이기적 자살이라고 뒤르켐이 말했다는군요."

"그래요. 요즘 아이들은 모두 형제, 자매 없이 혼자인 경우가 많고 부모님들은 맞벌이를 하는 가정이 많아서 누구 하나 옆에서 붙잡아 줄 사람이 없긴 하죠."

문화면이 논설면의 말을 듣고 고개를 끄덕이며 말했다.

"그리고 (……) 하는 경우라면 숙명론적 자살이라고 한답니다."

"그러면 이 소방관의 경우는 뭐지요? 이런 경우도 자살이라고 할 수 있나요? 스스로 목숨을 던졌으니 자살이라고 할 수 있는 걸까요?"

사회면은 소방관의 이야기를 마음에서 지울 수가 없었다.

"그 소방관 같은 경우는 이기적 자살과는 반대의 경우라는군요. 남을 위해서, 사회를 위해서 자신을 희생하는 사람의 경우지요."

– 《뒤르켐이 들려주는 자살론 이야기》 중에서

④ ① 장영식 대원은 낡은 아파트가 곧 무너질 거라는 사실을 알고서도 많은 동료 대원들의 만류를 뿌리치고 불길로 뛰어든 것으로 알려져 주변 사람들을 더욱 안타깝게 하고 있다. 장영식 대원은 평소 동료 사이에서도 의협심이 강하고, 희생정신이 투철한 사람으로 알려져 왔으며 대원에게는 홀어머니와 아내, 그리고 초등학생 아들이 있다.

"지난주에는 ② 고등학생 한 명이 자살했죠, 아마? 성적 비관이었던가? 아니다, 일진회한테 시달림을 당하다다 못 견디고 자살한 거였죠?"

"며칠 전에는 어땠고요. 사업 실패로 집안 사정이 어려워진 ③ 가족이 다 함께 목숨을 끊은 일도 있었는데요 뭐."

"이라크전이 한참일 때는 아무런 죄도 없는 이라크 시민들이 하루에도 수십 명씩 미군의 총에 맞고 죽었잖아요. 아, 그리고 반대로 ④ 이라크인의 자살 폭탄 테러로 많은 미군이 죽기도 했죠. 사람 죽는 게 뭐 그렇게 대단한 일도 아니고……."

– 《뒤르켐이 들려주는 자살론 이야기》 중에서

생각 쓰기

1 문화면

문화면은 신문지면 중에서 음악, 미술, 문학 등의 예술과 문화에 관련된 기사를 싣는 난이다.

2 논설면

논설면은 신문지면 중에서 사설이 실리는 난이다. 신문에 실리는 보통 기사에서는 대개 신문사의 관점이나 입장이 노골적으로 드러나지 않는다. 그에 비해 사설이라는 것은 어떤 사회 문제에 관해 신문사의 입장을 분명하게 밝히어 쓰는 글을 말한다. 예를 들어 사회에서 어린이 자살 사건이 일어났다고 하자. 사회면에는 몇 날 몇 시에 어떤 어린이가 자살을 했다고 독자에게 보고하는 기사가 실린다면 논설면에는 어린이 자살 사건에 관해 우리 신문사에서는 이러저러하게 생각하고 있다는 글이 실릴 수 있다.

3 테러

　테러는 원래 폭력을 사용하여 누군가를 위협하거나 공포에 빠뜨리는 행위를 말한다. 그런 점에서 한 사람을 대상으로 하거나 여러 사람을 대상으로 하는 폭력 행위는 테러이다. 하지만 요즘은 많은 사람들을 해치거나 위협하는 것에 주로 테러라는 말을 쓰고 있다.

아비투어 철학 논술

예시 답안

① 뒤르켐은 프랑스인으로 유대교 랍비 집안에서 태어났다.

② 뒤르켐이 성장하던 시기 프랑스는 프러시아와의 전쟁 및 파리 코뮌 등으로 혼란스
　러웠다.

③ 뒤르켐이 어린 시절 경험한 이러한 혼란은 후일 그의 사상과 학문에 영향을 주었다.

④ 뒤르켐은 파리 고등사범학교에 입학해서 사회학, 정치학, 철학을 공부했다.

⑤ 뒤르켐은 고등사범학교 졸업 후에 교사로 일했고, 독일에서 다양한 공부도 했다.

⑥ 소르본 대학의 교수가 된 뒤르켐은 새로운 학문인 사회학의 보급에 힘썼다.

⑦ 뒤르켐은 실증주의 방법을 중시했고, 집단의 의식이나 도덕심에 관심을 가졌다.

⑧ 뒤르켐은 도덕 교육에도 관심이 있었다.

⑨ 뒤르켐은 《자살론》을 비롯해서 여러 저술을 남겼다.

주 제 탐 구　**01**⒢　개인과 사회

case 1　'인간은 사회적 존재' 라는 말은 인간이 사회와 무관하게 살 수 없음을 뜻
한다. 인간은 태어나는 순간부터 어떤 사회에 속해 있다. 태어났을 때는 사
회와 관계가 없었다가 나중에 필요에 의해서 사회에 속하는 것이 아니라는 뜻이다.
인간이 사회에 속하는 것은 선택의 여지가 없는 일이다. 인간은 태어나면서 가정에

속하고, 자라나면서 친구나 이웃과 관계를 맺는다. 그리고 태어난 그 순간부터 한 나라의 국민이 된다. 이처럼 인간은 태어나서 죽는 순간까지 사회에 속해 살아간다.

인간이 사회 속에서 살면서 사회의 영향을 받는 것은 당연한 일이다. 사회에 속해 있으면서 사회의 영향을 받지 않는다는 것은 불가능하기 때문이다. 우선 새로이 출생한 인간은 부모의 보살핌을 받으면서 자라난다. 즉 부모의 영향을 받는 것이다. 점점 자라나면서는 친구도 사귀며 영향을 주고받고, 또 학교에 다니면서는 많은 지식을 배우고 규칙이나 규율을 습득한다. 이 모든 것이 한 사회의 구성원으로서 거칠 수밖에 없는 과정이다.

혹시 누군가 사회의 영향에 저항한다고 해도 이것이 사회의 영향에서 벗어나는 행위가 되는 것은 아니다. 저항한다는 것이 사회의 영향을 이 세상 혹은 자기 주변에서 없앤다는 뜻은 될 수 없기 때문이다. 저항한다는 것은 순순히 받아들이지 않고 밀어내는 행위라고 말할 수 있다. 하지만 사회의 영향을 밀어내고 있는 행위 역시 따지고 보면 영향을 받고 있는 행위이지 영향을 없애고 있는 행위는 아니다. 결국 사회적 존재로서의 인간은 사회의 영향에서 벗어나지 못한다는 것이다.

case 2 규범이란 사람이 어떤 행동을 할 때의 기준, 즉 어떤 행동이 옳은지 그른지를 판단해 줄 수 있는 기준이다. 모든 사회에는 이런 규범이 있고 종류도 많다. 쉬운 예로 법은 우리 행동의 기준이 되는 규범이다. 법은 살인을 하는 것, 도둑질을 하는 것, 사람을 때리는 것 등은 나쁘며, 이런 행위를 한 사람에게는 처벌이 가해진다고 규정하고 있는 규범이다. 그리고 도덕도 규범이다. 예를 들어 부모를 공경해야 한다는 것은 우리 사회의 도덕적 규범이다. 그 밖에 식사 예절이나 일상의 에티켓

역시 규범이라고 할 수 있다.

규범은 사회에서 지켜지는 기준이므로 이를 어기면 일종의 벌을 받게 된다. 그런데 도덕이나 예절, 에티켓을 어길 경우의 처벌은 법의 경우에 비해서 약하다고 할 수 있다. 다시 말해 이런 규범들을 어긴다고 해서 감옥에 가지는 않는다. 하지만 다른 사람들에게서 경멸이나 무시 등을 당하게 된다.

사회화라는 것은 사람이 자라나면서 이런 규범들을 차츰 습득해서 지키게 되는 것을 말한다. 아이는 자라나면서 집안의 어른에게서 예절이나 에티켓부터 배운다. 예를 들어 아이는 손으로 밥을 퍼먹으면 안 된다거나 어른에게는 존댓말을 해야 한다는 것 등을 먼저 배운다. 그리고 친구를 때리거나 상점에서 물건을 훔치면 안 된다는 것도 배운다. 이런 것은 도덕적 규범이다. 법적 규범은 조금 더 나이가 들어서 습득하지만, 예절이나 도덕을 습관화하는 과정에서 법적 규범도 자연스럽게 습득하게 된다.

case 3   도덕은 사회적 규범이다. 그리고 규범은 무엇을 해서는 안 되고 무엇을 해도 좋으며 무엇을 하는 것이 정말 바람직하다는 것을 정해 놓은 일종의 약속이다. 이러한 규범은 인간을 몹시 불편하게 만드는 것으로 생각되기도 한다. 인간을 자유롭게 놔두지 않는 것처럼 여겨지기 때문이다.

하지만 인간은 혼자 사는 것이 아니라 함께 모여서 산다. 즉 커다란 사회를 이루며 사는 것이다. 인간이 커다란 사회를 이루면서 사는 것은 더 잘 살기 위해서이다. 사실 인간은 사회를 이루면서 살아 왔기 때문에 동물 세계와는 다른 문화와 문명을 이룰 수 있었다.

모여 살기 위해서는 규칙이 필요하다. 서로 피해를 주지 말고 함께 행복할 수 있는 규칙이 있어야 한다는 것이다. 규칙이 없다면, 예를 들어 다른 사람을 때리지 말라는 규칙이 없다면, 그 사회에는 폭력이 난무할 것이며 결국 사람들이 모여 살 수 없는 상태가 될 것이다.

도덕은 규범 중에서 가장 넓은 범위를 갖는다. 법은 도덕 중에서 필수적인 것만을 뽑은 것이며 주로 '어떤 행위는 하지 말라'는 내용을 갖는다. 에티켓이나 예절은 경우에 따라 무시하더라도 큰 문제는 생기지 않는다. 즉 소리 내어 음식을 먹거나 사람들 앞에서 코를 후비는 행위는 큰 물의를 일으키지는 않는다. 좀 불쾌하거나 창피한 정도의 행위이다. 그에 비해 도덕은 훨씬 중요한 것이고 법의 바탕이 되는 것이다. 그리고 법처럼 '~을 하지 말라'는 내용뿐 아니라 적극적으로 '~을 하라'는 내용도 많이 포함한다. '네 이웃을 사랑하라', '가난한 사람을 보면 도우라' 등이 그런 예이다.

법, 도덕, 예절, 에티켓 등은 모두 사회를 유지하고 사회 구성원들을 잘살게 만들기 위한 것이므로 사람들을 맺어주는 역할을 한다. 그리고 그중에서도 도덕은 으뜸이라고 할 수 있다. 도덕에는 상당히 적극적인 것들이 있기 때문이다.

이것은 태양이 엄마의 경우에서도 알 수 있다. 태양이 엄마는 태양이와 마찬가지로 남편이 살려낸 사람들에게 처음에는 원망의 마음을 가진 듯하다. 하지만 그 사람들이 몹시 어려운 생활을 하는 것을 알고 돕기로 마음먹는다. 미움의 감정을 이겨내고 '어려운 사람을 도우라'라는 도덕에 따른 행위였다. 그리고 그 바탕에는 인간이란 모두 소중한 존재라는 도덕적 믿음이 깔려 있었다. 이처럼 도덕은 사람들을 서로 맺어주는 역할을 한다.

case 1 ㉮에서 말하는 사람은 처음에는 자살에 무슨 원인이 있겠냐고 말한다. 하지만 다음에 말하는 내용을 보면 원인을 제시하고 있기는 하다. 우연히 기분이 나쁘거나 우울해진 것이 자살이나 자살 시도의 원인이라고 보는 것이다. 즉 '우연한 감정이 자살을 시도하게 만들었다' 고 말한다.

㉯에서 말하는 사람은 자살의 원인을 심리적인 문제, 즉 정신병적 장애에서 찾고 있다. 그리고 이 정신병은 조상으로부터 유전된 것이라고 추측하고 있다. 즉 '조상으로부터 물려받은 정신병이 자살을 시도하게 만들었다' 고 말한다.

㉰의 경우는 뒤르켐의 생각을 설명한다. 뒤르켐은 자살이나 자살 시도의 원인을 사회적 영향에서 찾고 있다. 인간의 모든 행동은 사회의 영향력에서 벗어날 수 없다고 보기 때문이다. 즉 '사회적 영향이 자살을 시도하게 만들었다' 고 생각한다.

case 2 ①의 죽음은 이기적 자살과 반대의 경우, 즉 이타적 자살에 해당된다. 남을 위해서, 그리고 자신이 속해 있는 사회를 위해서 자신을 희생시키는 것이다. ④의 죽음, 즉 이라크인의 자살 폭탄 테러도 마찬가지이다. 여기서 이라크 인은 자신의 조국, 즉 미군에게 침략당한 조국을 위해서 미군을 죽이고 스스로도 죽는 길을 택하기 때문이다.

②의 죽음은 이기적 죽음에 해당된다. 학교에서 조금 어려운 일이 생기자 이를 견뎌내면서 어떻게든 해결해볼 생각도 하지 않고 자살을 택하기 때문이다. 이런 경우에

는 가족 간의 연대가 과거에 비해 느슨해졌다는 것도 이유이다. 즉 학교에서 어려운 문제가 생겼을 때 부모님과 상의할 생각을 하지 않고 혼자 결정해 버린 것은, 그런 문제를 함께 논의해 볼 만큼의 연대감이 부모님과의 사이에서도 부족하다는 뜻이기 때문이다.

③의 죽음은 숙명론적 자살로 볼 수 있다. 경제적으로 어려워지자, 이 사회에 속한 자신들은 비참한 운명에서 벗어날 수 없음을 깨닫고 자살을 택하기 때문이다.

논술 답안 쓰기

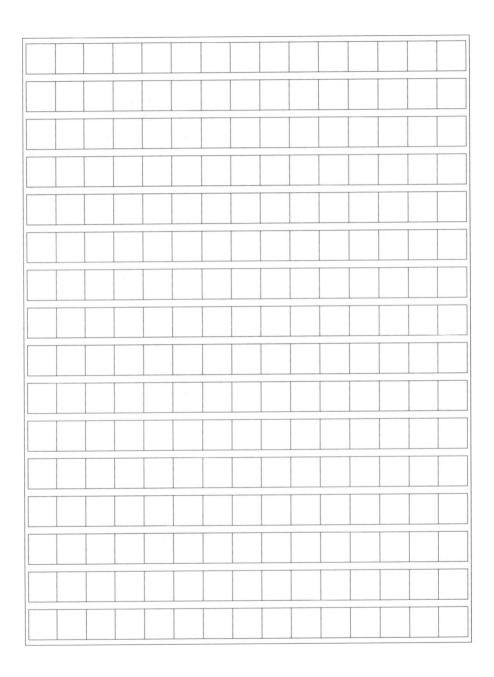